FABIENNE
CAROLINE
KLAUSNER

~~Ein~~ Ein Buch von:
Fabienne

Dieses Buch ist Besitz von:
Fabienne Caroline Klausner

Dieses Buch ist erhältlich als:
ISBN 978-3-407-75645-9 Print

© 2022 Beltz & Gelberg in der Verlagsgruppe Beltz · Weinheim Basel
Werderstraße 10, 69469 Weinheim
Alle Rechte vorbehalten
Einbandgestaltung und Illustration: Michael Szyszka
Lektorat: Andrea Baron
Neue Rechtschreibung
Herstellung: Nancy Aprile
Satz und Lettering: Michael Szyszka
Zitat S. 80 aus: o.A., *Ironie*. Auf: de.wikipedia.org/wiki/Ironie
(Abgerufen am 21.10.2021).
Zitat S. 90 aus: o.A., *Empathie*. Auf: de.wikipedia.org/wiki/Empathie
(Abgerufen am 21.10.2021).
Zitat S. 102 aus: o.A., *Untiefe*. Auf: de.wiktionary.org/wiki/Untiefe
(Abgerufen am 21.10.2021).
Zitat S. 104 aus: Dr. Astrid Neuy-Lobkowicz und Ludger Tebartz van Elst,
Autismus und ADHS. Kohlhammer: Stuttgart, 2016.
Druck und Bindung: Beltz Grafische Betriebe, Bad Langensalza
Beltz Grafische Betriebe ist ein klimaneutrales Unternehmen
(ID 15985-2104-100).
Printed in Germany
1 2 3 4 5   26 25 24 23 22

Weitere Informationen zu unseren Autor_innen und Titeln finden Sie unter:
www.beltz.de

Cornelia Travnicek

Harte Schale,

Weichtierkern

mit Illustrationen
von Michael Szyszka

BELTZ
& Gelberg

Wenn jemand im Internet besonders tiefsinnig sein möchte, was das Menschsein angeht, und betonen, was für ein Wunder dieses Leben nicht ist, dann sagen die Leute gerne: Wir sind aus Sternenstaub gemacht. In Wahrheit ist ein guter Teil von uns eher aus ganz gewöhnlichem Hausstaub, zu dem der Mensch ja auch ständig wieder zerfällt. An Besen und Schaufel hat bei sich selbst aber wohl noch nie jemand gedacht.

(Ich habe eine Hausstauballergie.)

Viel beeindruckender ist doch (aber auch so viel schwieriger zu erklären): Dass wir wandelnde Meerwasser-Aquarien sind. Denn: Jede Zelle von uns hat das Leben eingefangen, so wie es entstanden ist, im Ozean, und dieser Mini-Aquarienhaufen hat sich auf Beine gehievt wie Arielle und seinen Lebensraum verlassen, nur um von da an konstant gegen die Schwerkraft anzukämpfen. Kein Wunder, dass man sich die ganze Zeit über so fühlt, als würde man auseinanderfallen. Nur, das lässt sich schlecht zu einem inspirational quote zusammenfassen. Wasser und Salz. Man sollte vorsichtig sein mit dem Weinen.

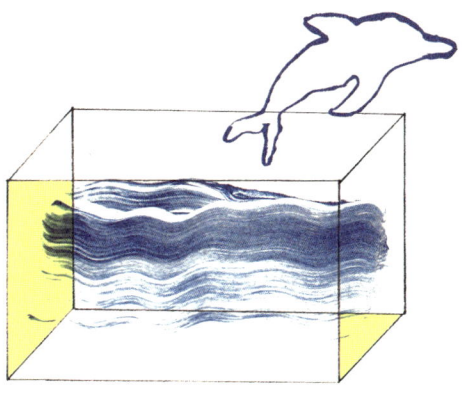

Liebes Tagebuch!

Man schreibt in ein **Tagebuch,** als schreibe man AN ein Tagebuch, an einen guten Freund, und dabei schreibt man gleichzeitig IN diesen Freund hinein, und damit fängt mein Problem schon an.

Mein Therapeut hat mir aufgetragen, am Ende eines jeden Tages, also abends, alles aufzuschreiben, was mich beschäftigt, ich habe gesagt, ich hasse Tagebuch, darauf hat er gesagt, es muss ja kein Tagebuch sein, aber was bitte ist das dann.

(Gerade nachgesehen, im Duden steht: Buch, Heft für tägliche Eintragungen persönlicher Erlebnisse und Gedanken. Persönliche Gedanken! Täglich! Also: Tagebuch.)

Selbst schuld, was muss ich dem Therapeuten auch erklären, dass es mir schwerfällt, darüber zu sprechen, dass ich dann immer etwas vergesse, mich ablenken lasse oder mich in Details verliere. Ob ich lieber schreibe, hat er gefragt, und ich habe an die vielen Chatverläufe denken müssen und Ja gesagt, weil es ja auch stimmt, dass es für mich einfacher ist, wenn die Leute nicht körperlich vorhanden sind.

Die Idee, ein Tagebuch zu führen, ist eigentlich superberuhigend: sich jeden Tag abends, um die gleiche Uhrzeit vor dem Schlafen hinzusetzen, immer das gleiche schöne gebundene Notizbuch zur Hand zu nehmen, mit dem immer gleichen schönen Stift und der immer gleichen schönen Schrift einen Eintrag darin zu machen, fein säuberlich nach Datum sortiert. Zufrieden seufzend das Buch zur Seite zu legen. Einschlafen. Beruhigend. Bis man dann wirklich eines führen möchte. Dann ist man zu müde, dann vergisst man und schon gibt es an manchen Tagen keine Einträge. Dann verschreibt man sich, dann geht der Stift nicht an, schon sieht die Seite hässlich aus, abgesehen davon, dass man ohnehin keine schöne Handschrift hat. Dann muss man mittendrin zu einem anderen Stift wechseln. Dann ärgert einen der Eintrag vom letzten Mal, dann reißt man die Seite raus. Dann fehlt eine Seite.

Und dann ärgert man sich jedes Mal über die fehlende Seite. Dann muss man ein frisches Tagebuch beginnen, mit der frischen Hoffnung auf dieses ach so beruhigende Ritual.

Es ist ja nicht so, dass ich keine Zeit hätte. Im Gegenteil: Es ist Samstagabend und ich habe viel zu viel Zeit. Mit beinahe siebzehn Jahren sollte man Samstagabend nicht zu viel Zeit haben. Im Gegenteil. Wenn ich wenigstens schlafen könnte. Wenn ich nicht schlafen kann, soll ich schreiben, hat der Therapeut gesagt. Aufschreiben, was mich beschäftigt, es festnageln am Papier, damit es sich nicht in meinem Kopf drehen kann, als Gedankenstrudel. Die guten, die schlechten, die seltsamen. Darum die Sternenstaubsache.

Liebe Fabi,
du bist im Grunde ganz okay, und
es ist definitiv nicht deine Schuld,
dass der Marco so ein Trottel ist,

Schreiben Sie einen Brief an sich selbst, hat er diesmal gesagt, als wäre das etwas Neues. Dabei lässt uns das irgendein new age hipster überambitionierter Kumpellehrer oder -lehrerin jedes Jahr garantiert einmal machen. Oder schreiben Sie einfach darüber, wo Sie jetzt stehen, in Ihrem Leben.

Der Herr Psychotherapeut und ich, wir sind per Sie. Das mag ich. Nicht weil mir das Sie so gefallen würde, sondern weil ich mit dem Du manchmal so meine Probleme habe. Das Du ist wie ein Treppchen, auf das die Leute steigen, um einen von oben herab zu behandeln. Das Sie hat ein zu steiles Gefälle, davon rutschen sie ab.

Mein Name ist Fabi, und ich bin in Therapie. (Als wäre das hier eine Selbsthilfegruppe.) Nein, das stimmt nicht, ich werde nicht therapiert, ich werde diagnostiziert. Meine Familie weiß davon nichts, ich bezahle das selbst, von meinem Ferialpraktikumslohn, meine Familie soll davon nichts wissen, weil sie davon nichts wissen will. In meiner Familie ist man nicht komisch, und wenn man komisch ist, ist das normal, und wenn man meint, nicht normal zu sein, dann zerdenkt man das nicht alles so, übertreibt nicht mal wieder,

sondern stellt man sich gefälligst nicht so an, Fabienne!

14

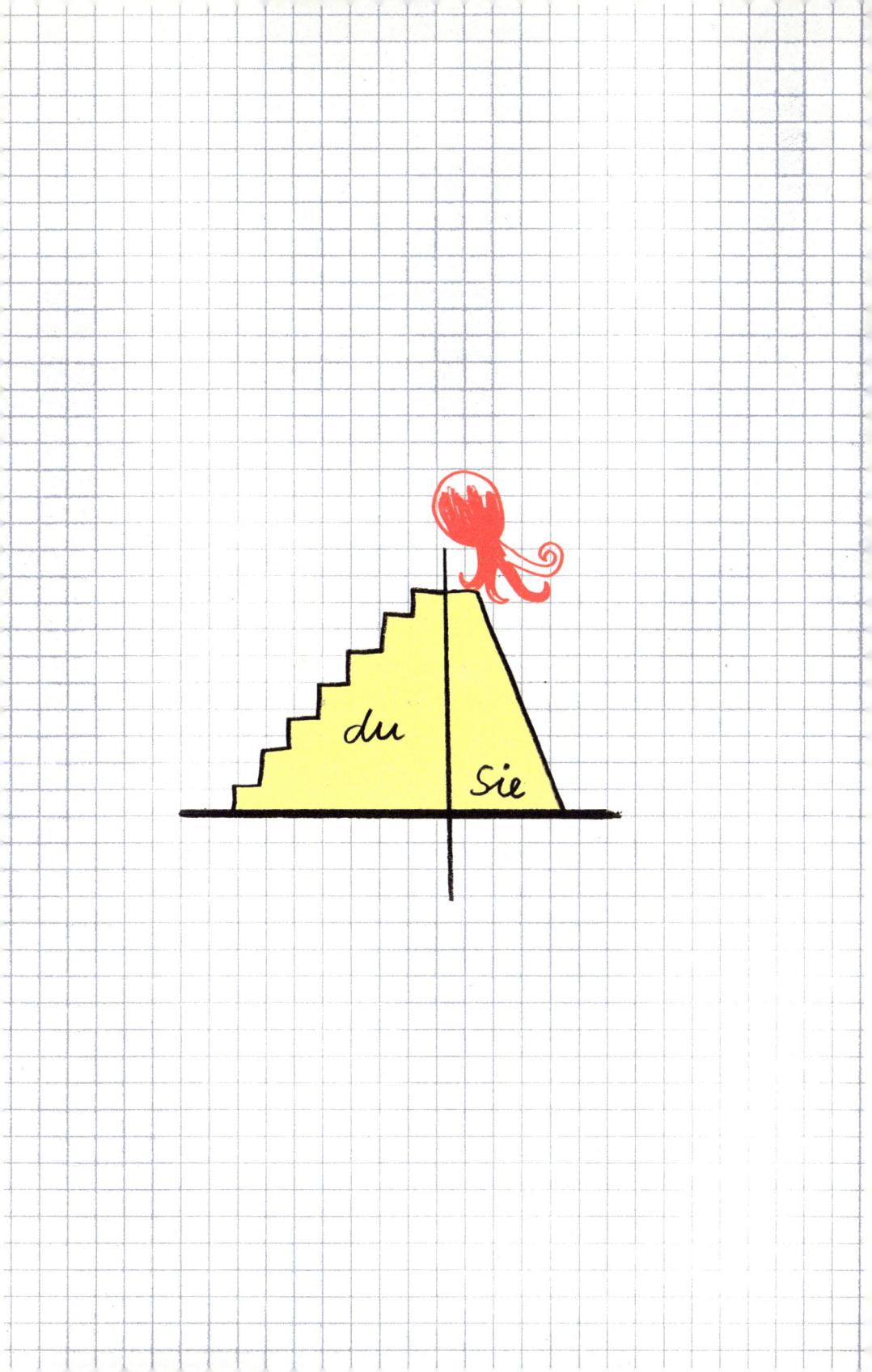

Oder schreiben Sie für eine bestimmte Zeit, sieben, acht, neun Minuten, ohne den Stift abzusetzen, einfach, was Ihnen einfällt. Und wenn Ihnen nichts mehr einfällt, dann wiederholen Sie den letzten Satz.

Und wenn Ihnen nichts mehr einfällt, dann wiederholen Sie den letzten Satz.

Dass die Diagnostiziererei nun doch ein bisschen eine Therapie ist, das ist tatsächlich Marcos Schuld. Also in der Hinsicht, dass Marco sich von mir getrennt hat, nicht ich mich von ihm. Weil sich somit nicht nur Marco von mir getrennt hat, sondern sein gesamter Freundeskreis. Nicht dass das auch meine Freunde und Freundinnen gewesen wären, weil wenn ich gut wäre im Freundehaben, dann müsste ich nicht zur Diagnostik. Aber weil es eben weniger auffällt, dass man selbst keine Freundinnen hat, wenn man die vom Partner mitbenutzen kann, und nun sind meine Stieffreunde alle weg, und auf einmal fällt mir das Alleinsein auf, wie es einem nie auffällt, wenn man nicht alleine sein müsste, ja sogar positiv auffällt, wenn man gerade nicht allein sein kann.

Sie können auch die Technik des **Mindmapping** verwenden, also Ihr Hauptproblem in die Mitte eines Blattes schreiben und die verschiedenen Folge- und Teilprobleme darum herumgruppieren.

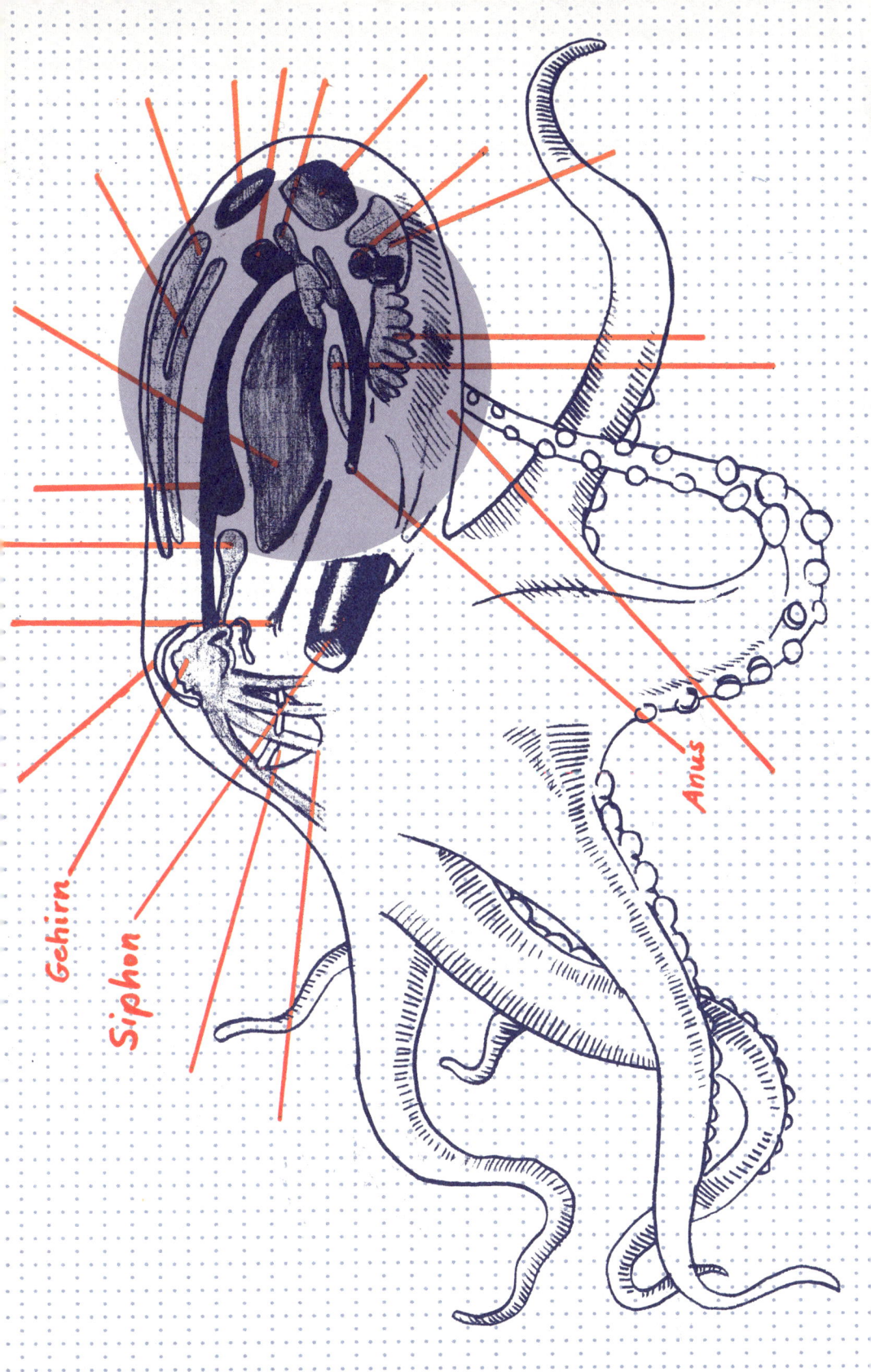

Gehirn

Siphon

Anus

„Ich wollte Müsli zum Frühstück essen"

„Zu Schokoladenmüsli passt nur Erdbeer- oder Heidelbeerjoghurt"

Raffi hat meinen

„Ich musste Marmeladensemmeln essen und Marmeladensemmeln sind ein Sonntags- und Urlaubsfrühstück, ich fühle mich schlecht, wenn ich an normalen Tagen Marmeladensemmeln frühstücke"

—Joghurt
(leer)

„Mein Vater hat gesagt, ich solle nicht so ein Drama wegen eines Joghurts machen, der Kühlschrank wäre voll"

„Ich habe Raffi angeschrien"

Joghurt gegessen.

„Mir wären beinahe die Tränen gekommen wegen eines Joghurts"

„Meine Mutter hat mich angeschrien, weil ich Raffi angeschrien habe"

Meine Mutter sagt, sie versteht nicht, warum ich so bin, wenn doch Ferien sind. Sie versteht nicht, dass ich immer so bin. Sie versteht noch weniger, dass Ferien die Sache irgendwie noch schlimmer machen.

Einerseits bin ich froh, dass Ferien sind, denn das bedeutet, dass ich Marco nicht auf dem Schulflur sehen muss. Und da ist auch immer diese Angst vor dem ersten Schultag in unserer kleinen Klasse, 21 Leute, da bleiben viele freie Tische, und wenn man Pech hat, sitzt man allein. Wenn es sich nicht ganz natürlich ergibt, dass sich jemand neben mich setzt, oder wenn die Sitzordnung nicht einfach wieder so ist wie letztes Jahr –

(Bitte lass die Sitzordnung einfach genauso sein wie letztes Jahr!!!)

Andererseits würde die Schule andere Leute dazu zwingen, mich zu umgeben (nein, ich habe das nicht falsch herum geschrieben, ich sehe mich nicht gezwungen, mich mit Leuten zu umgeben, die Leute sollen bloß mich umgeben, dann ist alles gut!). Seit der Job vorbei ist, muss ich auch nicht mehr zu einer bestimmten Zeit aufstehen, ich schlafe also, wenn es hell ist, und kaum wird es dunkel: Bin ich wach. Das Bett, in dem ich tagsüber einge-kuschelt in der Hitze und beim Geräusch der Rasenmäher kein Auge offen halten kann, ist auf einmal ganz falsch. Es ist zu heiß, es ist zu weich, es ist zu leise. Ich lese alle Timelines aller Social Media Apps dieser Welt. Ich scrolle durch die endlose Liste an Videos und Bildern, die die anderen aus ihren Urlauben posten, von den Partys, vom See. Die lachenden Gesichter zu zweit, zu dritt, zu viert, zu vielt.

Ich stehe auf und trinke Wasser. Ich stehe auf und gehe aufs Klo. Sobald der Morgen dämmert und draußen die ersten Autos vorbeifahren, schlafe ich ein. Als hätte ich Angst, aufzuhören zu existieren, wenn die anderen nicht wach sind, wenn niemand an mich denkt.

(Als würde jemand an mich denken, nur weil er wach wäre. Oder sie.)

Sie sind sehr reflektiert, hat er zu mir gesagt, mein Psychologe.

Der Herr Psychotherapeut ist nämlich gar keiner, wie ich dachte, er ist auch kein Psychiater, sondern „Klinischer Psychologe", und gefunden habe ich ihn im Internet.

Viele Menschen verwechseln Psychotherapeuten, Psychiater und Psychologen.

Psychologe ist, wer Psychologie studiert hat. Der Unterschied zwischen den anderen beiden sind die Medikamente, wenn ich das richtig verstanden haben.

Mein Psychologe hat es mir mit einem Witz erklärt, der ungefähr so ging: Ein Mann hat eine Depression und er geht zum Psychologen, und der sagt, ganz klar, eine Depression, gehen Sie damit doch zum Psychotherapeuten, und dann geht der Mann zum Psychotherapeuten, und der meint, puh, Depression, da gibt's jetzt kein allgemeines Rezept dafür, kommen Sie doch wöchentlich vorbei, aber nach einigen Wochen fühlt der Mann sich immer noch nicht besser und darum geht er zum Psychiater, und der Psychiater sagt, ah, Depression, hier haben Sie ein Rezept. Ich bin ziemlich schlecht im Witzeerzählen.

Sie können es zum Anfang auch mit **Listen** versuchen, wenn Ihnen das mehr liegt. Beschreiben Sie sich selbst in 10 Worten.

1. Listenverliebt
2. Sechzehn
3. Mittelgroß
4. Mitteldick
5. Brünett
6. Blass
7. Braunäugig
8.

Wenn du aus Versehen die Anfangsbuchstaben der Wörter in deiner Liste in den Summen 1, 1, 2, 3 hast auftreten lassen (L, S, M, M, B, B, B), und du weißt, dass du als Nächstes 5 Wörter mit demselben Anfangsbuchstaben finden müsstest, damit die Fibonacci-Folge perfekt ist, und das die Übung ad absurdum führen würde ... Lassen wir das mit der Selbstbeschreibung.

Ad absurdum, was soll das heißen, höre ich schon wieder jemanden fragen, was du immer für Wörter verwendest, kannst du nicht normal reden, echt.

Bis vor zwei Wochen kannte ich Psychologen nur aus dem Fernsehen. Oder eben Psychotherapeuten. Oder Psychiater. Eine Couch, ein Sessel, ein „Erzählen Sie mir von Ihrer Mutter".

Mein Psychologe hat als Erstes gesagt: Erzählen Sie mir von sich selbst. (Dabei wäre es so viel einfach von meiner Mutter zu erzählen! Aber lassen wir das.)

((Hat ein Psychologe jemals in irgendeinem Film als Erstes gesagt: „Erzählen Sie mir von Ihrem Vater"?))

(((Warum gibt es keine „Dein Vater"-Witze?)))

Wenn jemand keine konkrete Frage stellt, weiß ich nie, wo ich anfangen soll. „Erzählen Sie von sich selbst", das kann sein: Name, Adresse, Telefonnummer, Geburtsdatum, Sozialversicherungskennzahl. Oder: Mein Nami ist Fabi, ich bin fast siebzehn, ich habe einen jüngeren Bruder und lebe mit ihm und meinen Eltern in einem kleinen kreditfreien Haus in KennenSiesowiesonichtKleinstadt. Oder: Ich bin oft grundlos leicht traurig, mache mir ständig Sorgen, weiß nicht, wie man eine beste Freundin findet, und nachts frisst mich die Zeit langsam auf.

Deine Mutter sammelt Laub für den Blätterteig.

Lady Kalmár

Fragebogen

Ich verliere mich in Aufgaben oft so, dass ich alles andere um mich herum vergesse.

- ☐ Ja
- ☐ Eher Ja
- ☐ Eher Nein
- ☐ Nein

Ich bemerke oft leise Geräusche, die anderen nicht auffallen.

- ☐ Ja
- ☐ Eher Ja
- ☐ Eher Nein
- ☐ Nein

Andere Menschen sagen mir oft, dass das, was ich gesagt habe, unhöflich war, obwohl ich denke, es sei höflich gewesen.

- ☐ Ja
- ☐ Eher Ja
- ☐ Eher Nein
- ☐ Nein

Mein Psychologe heißt Leonhard Klüger. Gestern war ich das dritte Mal bei ihm. Leonhard ist das Leon für Akademikerkinder. Als er mich bei unserem ersten Termin gebeten hat, alles aufzuzählen, von dem ich glaube, dass es Probleme sind, habe ich gesagt, ich wüsste ja gar nicht, ob das nun alles wirklich Symptome wären, aber da sei er ja Klüger als ich. Er hat nicht gelacht. Ich und Witze, wie gesagt.

Am Ende wollte ich dann die Mindmap nicht abgeben, weil das natürlich nicht mein Hauptproblem ist, wenn mein kleiner Bruder mir das Joghurt wegfrisst. Es war nur das einzige Problem, das mir an diesem Tag in diesem Moment eingefallen ist, in allen seinen Details. Mein Psychologe wollte sie trotzdem sehen. Als ich sie ihm gegeben habe, hat er den Oktopus bemerkt. Er hat gesagt: *Ah, ein Tintenfisch.*

Damit hatte er natürlich recht, aber auch wieder nicht. Dann meinte mein Psychologe, er wüsste da etwas, das mich vielleicht interessieren würde, er wäre am Wochenende mit seinem Sohn im großen Aquarium gewesen, und an dieser Stelle hätte er mich beinahe kurz verloren, weil ich ihn ansah und sich dabei für mich merklich meine Perspektive verschob: Eben war er noch Leonhard Klüger gewesen, klinischer Psychologe, und auf einmal war er Vater, ein Mensch außerhalb dieser Praxis, der nicht nur hier existierte und darauf wartete, dass jemand hereinkam, um als Mensch anzugehen wie das Licht im Kühlschrank. So was passiert mir öfter mit anderen, dass sie mir ungefragt ein neues Stück von sich präsentieren und ich dieses staunend entgegennehme, als wäre es ein lang gesuchtes, fehlendes Puzzleteil, und dieses dann vielleicht sogar später weitergebe, also diese – für mich – Neuigkeit weitererzähle, an andere gemeinsame Bekannte, nur um zu hören: „Das habe ich schon gewusst".

(Bekommen andere immer gleich am Anfang ein vollständiges Puzzle überreicht? Oder warum fehlt bei mir ständig die halbe Schachtel?
Wie erhält man die anderen Teile?
Wo sind alle diese kleinen Side-Quests?)

Was mein Psychologe wusste, war, dass das Aquarium eben einen kleinen Oktopus in die Ausstellung bekommen hatte. Gaius Octopus heißt der, sagte mein Psychologe und lachte. Nur Menschen, die zu lange ein humanistisches Gymnasium besucht haben, lachen über einen solchen Oktopus-Namen.

(*In Wahrheit ist ein Tintenfisch genauso wenig ein Fisch, wie ein Koalabär ein Bär ist, nämlich gar nicht. Tintenfische sind Mollusken, also Weichtiere, und ist man streng, müsste man also sagen: Tintenschnecken.)

Mein Handy vibriert. Marco hat mir eine Sprachnachricht geschickt. Marco. Eine Sprachnachricht.

EiNE SPRACHNACHRiCHT!

Ich hasse Sprachnachrichten. Sprachnachrichten sind die stressigste und anstrengendste Form der Kommunikation seit der Erfindung des Telefons. Zuerst die Androhung: Hier ist eine Sprachnachricht, sie ist x Sekunden (oder Minuten!) lang, hör sie dir an! Ich will sie mir nicht anhören. Schon gar nicht für x Sekunden. Ich weiß jetzt schon, dass ich sie mir sehr wahrscheinlich mehr als ein Mal anhören muss, damit ich alles verstehe, mir die wichtigen Punkte merken kann. Im schlimmsten Fall muss ich mir sogar Notizen machen. Toll, jetzt hat der andere sich gespart, das alles aufzuschreiben, nur damit ich das für ihn erledigen darf.

Das Allerschrecklichste an der Sprachnachricht an sich aber ist die unausgesprochene Erwartungshaltung der anderen Person, auch wieder eine Sprachnachricht zurückzubekommen. Habe ich die erhaltene Nachricht also verstanden und für mich sortiert, muss ich mir den Kopf darüber zerbrechen, wie ich meine Antwort präsentiere. Einleitung, Mittelteil, Schluss, als wäre das ein Referat in der Schule. Und jedes Mal ist es, als hätte ich meine Stichwortkarten nicht dabei. Kaum fange ich an, in das Mikrofon zu sprechen, ist die Hälfte vergessen. Laufen mir die Gedanken an den Enden davon. Stolpere ich über Satzschleifen. Und zum Schluss lege ich auf, ohne mich zu verabschieden. Eine zweite Nachricht, nur mit der Verabschiedung hinterher? Es kann ja nicht noch seltsamer werden.

Also besser wieder Notizen dazu machen. Ah, die Übersichtlichkeit schriftlicher Texte. Das Formulieren. Das Mehrmals-Lesen. Das Korrigieren. Das Abnicken. Das Losschicken. Die Gewissheit.

EiNE SPRACHNACHRiCHT!

BRAH!

(Jungs nennen einander „Bruder", in
immer neuen Varianten. Mädchen sagen
zueinander „Bitch". Wie soll man das
verstehen.)

Also, ich will mir grundsätzlich keine Sprachnachrichten anhören. Noch weniger will ich mir Marcos Sprachnachrichten
anhören. Was kann das auch sein. Als wäre nicht alles gesagt?
Obwohl, so viel hat er auch wieder nicht gesagt: „Keine Gefühle
mehr." Damit lässt sich schlecht argumentieren. Worum kann's
in der Nachricht also bloß gehen? Sind seine Gefühle auf einmal
wiederaufgetaucht wie eine aufgetaute Leiche aus der Gletscher-
spalte? Will er mich doch wieder zurück? Würde ich ihn zurück-
wollen? Lasse ich mich abservieren und dann wieder auftragen,
wie das aufgewärmte Resteessen von gestern? Denken dann die
anderen: Die hat keinen Stolz. Die hat es aber nötig. Hat ihm
sicher hinterhergeheult. War superfroh, dass er sich doch zu ihr
herabgelassen hat. Sie. Wieder.
    Oder möchte er sich nur treffen? Für Sex?
Der war bis zum Schluss gut, das muss man uns lassen.

(Sex könnte man natürlich immer auch anders. Woanders. Mitan-
ders. Ausanders. Wenn man sich einbildet, das wäre so unkom-
plizierter. Aber. Die Unkompliziertheit ist eine komplizierte Sache.
Dabei könnte es ja wirklich, und ich meine WIRKLICH richtig
entspannt sein. Wenn da Vertrauen wäre. Vertrauen in. Einander.
Was ich meine, ist: Es muss ja nicht immer Liebe sein. Und auch
nicht für länger. Aber so eine kleine Geste der Anerkennung der
gemeinsamen sexuellen Leistung, wenn man sich danach zufällig
begegnet, das wäre es schon. Ein freundschaftlich zugewandtes
Nicken. Ein casual fistpump. À la: I see you. Respekt. Anstelle der
ständigen Sorge, jeder seiner Kumpels wüsste danach genaues-
tens über den Zustand der eigenen Intimzone Bescheid.)

„Booty call"

„Unangenehme Sache, die mir nur noch nicht eingefallen ist"

„Ich mache mir Sorgen, worum es in Marcos Sprachnachricht gehen könnte"

„Er ist wegen irgendetwas sauer"

„Er möchte wieder mit mir zusammenkommen"

„Er hat noch Zeug von mir"

„Ich habe noch Zeug von ihm"

„Er möchte sich wegen irgend_ etwas entschuldigen" (-> Wofür?)

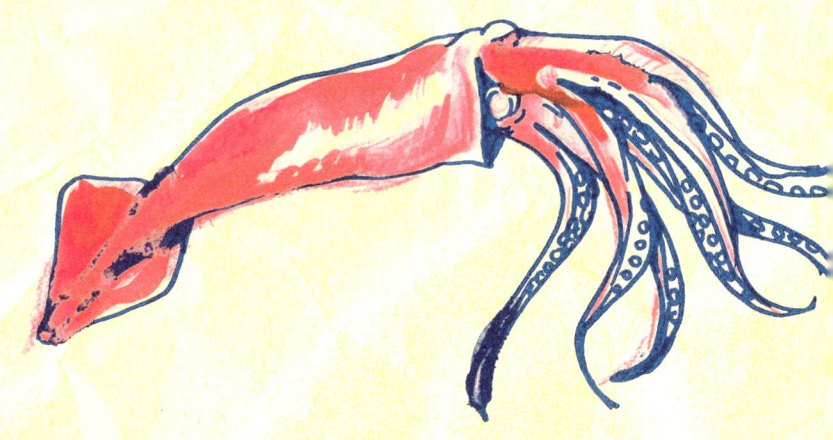

(Die gebe ich aber diesmal sicher nicht bei meinem Psychologen ab!)

Ich habe einmal folgenden Rat gelesen: Wenn eine Entscheidung besonders schwerfällt, soll man sich jede Möglichkeit, wie das Ganze ausgehen könnte, für einen Moment vorstellen, so als wäre sie bereits eingetreten. Jede Möglichkeit auf der Marco-Map bedeutet für mich hauptsächlich eine steife zwischenmenschliche Interaktion mit großem Peinlichkeitspotenzial. Wenn ich es mir richtig überlege, will ich ihn eigentlich einfach nicht mehr sehen. Es ist ein bisschen, wie von einem Ball hart ins Gesicht getroffen worden zu sein: Ein großer Teil des Schmerzes ist Überraschung, und sobald man verstanden hat, was passiert ist, ist es auch schon wieder halb vorbei. Also, was ich meine, ist, dass die Trennung an sich wehtut, weil es eine Trennung ist, aber danach dann sehr schnell nicht mehr. Ich vermisse ihn nicht.

Ich vermisse ihn nicht.
Ha.

Das klingt jetzt herzlos, aber warum? Gibt es eine Verpflichtung, mich mies zu fühlen, nachdem er die Beziehung beendet hat?

Apropos herzlos: Oktopusse haben drei Herzen. Und: Ihr Gehirn ist quasi über ihren gesamten Körper verteilt. Sie haben keinen einzigen Knochen, aber einen Schnabel. Ihr Speichel ist giftig. Sie können verlorene Arme wieder nachwachsen lassen. Außerdem schmecken sie mit allen ihren Saugnäpfen, sehen mit ihrer Haut und haben blaues Blut, weil sie ihren Sauerstoff nicht wie wir auf dem eisenbasierten Protein Hämoglobin transportieren, sondern auf Hämocyanin, einem Protein auf Kupferbasis.

Ich habe mal irgendwo gelesen, dass ein Forscher meinte, einem Oktopus zu begegnen, wäre das Nächste zu einem Treffen mit einem Außerirdischen, das man erleben könnte.

Gerade, als ich das geschrieben habe, musste ich mir vorstellen, wie es wäre, jeden Menschen zur Begrüßung beim Händeschütteln zu schmecken, und irgendwie stelle ich mir das beinahe noch schlimmer vor als die Arschriecherei von Hunden. Ich gebe so schon ungern anderen Leuten die Hand.

Ich kann mein Handy nicht mehr anschauen, sonst sehe ich jedes
Mal die nicht abgehörte Sprachnachricht.

Ein bisschen wünsche ich mir, es wäre schon wieder Donnerstag, weil wenn Donnerstag wäre, dann hätte ich einen Termin beim Psychologen, und wenn ich einen Termin hätte, dann könnte ich mir sagen: Ich habe einen Termin und darum kann ich nichts anderes tun. Dann würde mir nicht auffallen, dass ich auch den Rest des Tages nichts anderes tun möchte, und ich müsste nicht darüber nachdenken, dass ich will, aber auch wieder nicht. Aber es ist Freitag und weiter weg vom Donnerstag geht es eigentlich nicht.

Heute wäre bei uns in der Stadt die Eröffnung des neuen Clubs, und wahrscheinlich könnte ich da einfach hingehen, und wahrscheinlich wären da sogar andere Leute, die ich kenne, aber sehr wahrscheinlich auch einige, die ich nicht kenne, und sogar welche, mit denen ich nicht so kann, und wenn wenige oder gar keine von den Ersten da sind und viele von den Zweiten und auch nur ein paar von den Dritten:

Nein, dann lieber nicht. So dringend ist es dann auch wieder nicht, dieses Bedürfnis nach Leuten.

My favorite way to spend the day is ...

Im Bett. Aber nur, wenn ich eigentlich etwas anderes tun sollte.

If I could talk to my teenage self, the one thing I would say is ...

Ich bin mein Teenage-Self und ich habe leider keine Ahnung.

Make a list of 30 things that make you smile.

1. Oktopusse (haha, obviously)

2. Hummeln

3. Katzen-Memes

4. Hamsterhintern

5. Zitroneneis.

(Obwohl, ich sehe mich selbst ja nicht, woher soll ich wissen, ob ich dabei lächle?)

The words I'd like to live by re ...

Ehrlichkeit. Fairness. Freiheit.

(Was man möchte und was einem guttut,
das ist nicht immer dasselbe, nicht wahr.)

I really wish others knew this about me ...

Fabienne Caroline Klausner!

Ah, wenn meine Mutter so nach mir schreit, mit vollem Namen, dann habe ich etwas falsch gemacht. (Wer nennt sein Kind so, wer gibt ihm solche Initialen? Schon als ich das „FUCK" noch übersehen konnte, weil ich gar nicht wusste, dass es dieses Wort gibt, stand auf allen meinen Schulheften: F.C.K.)

FABIENNE!

Die Kunst, in Großbuchstaben zu schreien. Ist das ein Mutter-Skill, erhält man den automatisch mit der Geburt des ersten Kindes, muss man das immer schon können?

Fabi–

Und dann stand sie auch schon mitten in meinem Zimmer und hat mich gefragt, warum ich ihr denn nicht antworte, wenn sie nach mir ruft, und was ich überhaupt machen würde, sie hätte mir doch gesagt, *(Ja, sicher doch, „gesagt"… „Befohlen" trifft es wohl eher)* ich soll mein Zimmer aufräumen. Habe ich doch, habe ich gesagt, und sie hat gefragt, was, wo, und ich habe gesagt, aufgeräumt, hier, und sie hat sich fragend umgesehen, und ich habe auf die Bücherregale gedeutet, wo die Bücher jetzt nach Genres und Fachgebieten und innerhalb der Regale der Größe nach sortiert stehen. Da hat sie ein Gesicht gemacht und auf die andere Seite des Zimmers gezeigt, wo einmal oder nur halbmal getragene Klamotten auf dem Loungesessel liegen, und dann vor mich, auf den Schreibtisch, worauf ich gesagt habe, dass ich jetzt nicht den Schreibtisch aufräumen könnte, ich würde doch schreiben. Schon gar nicht könnte ich die Magazine und die Bücher über Oktopoden wegräumen, die bräuchte ich jetzt alle. Was ich denn schreiben würde, es wären doch Ferien, hat sie gefragt, aber das

konnte ich ihr natürlich nicht sagen und habe schnell das Heft
unter einer Zeichnung von einem Oktopus versteckt. Und weil ich
still geblieben bin, wurde sie wütend und hat mir Hausarrest an-
gedroht, wobei wir beide wussten, dass sie das nicht ernst meinte,
weil wir beide wissen, dass mich Hausarrest nicht stören würde.
(Das hat sie bisher nur ein Mal in meinem Leben probiert und an
dem Tag habe ich drei Bücher gelesen und zwei Lieder auf der
Gitarre gelernt, und nachher konnte keine von uns beiden sagen,
wer nun gewonnen hatte.) Du immer mit deinen Tintenfischen,
hat sie noch gemeint, und: Räum endlich die Klamotten weg, ich
sehe drei Paar schmutzige Socken.

Meine Mutter gehört zu den Menschen, die in den Urlaub
nach Italien fahren, dort ihren Wein auf Italienisch bestellen und
„Calamari" essen. Kalmare können die Farbe wechseln wie
Chamäleons, und man nimmt an, dass sie so miteinander kom-
munizieren, sie können aber eventuell selbst aber gar nicht alle
Farben sehen, was meiner Meinung nach vielleicht der Grund
dafür ist, dass sie ausgeprägte Einzelgänger sind, weil es kann
doch in Wahrheit nichts trauriger sein, als wenn man weiß, dass
man selbst spricht und der andere auch, man aber einander
niemals jemals wirklich vollständig verstehen kann.

Was gut und was schlecht ist, ist nicht nur total subjektiv, sondern ändert sich mit den Umständen.

Nehmen wir Klopapier. Klopapier ist gutes Papier, wenn man es wie gedacht auf der Toilette verwendet, Klopapier ist schlechtes Papier, wenn man darauf schreiben möchte. (Handelt es sich um das dünne Papier in der Schultoilette, ist es in beiden Fällen schlecht.) Ich kann so echt nicht arbeiten!

Violettes Licht hingegen ist schlechtes Licht, wenn man sich in die Venen stechen will, es ist aber definitiv auch schlechtes Licht, wenn man versucht, auf der Clubtoilette mit einem Kugelschreiber auf das Klopapier – egal welches – zu schreiben.

Hier ist mal eine ganz eigene Liste von mir:

6 Dinge, die ich am Fortgehen hasse

- Lärm
- Gedränge
- Leute
- Getränke anderer Leute, auf meinem T-shirt
- Musik, wenn es nicht exakt die Musik ist, die mir gefällt
- Dass man immer erst nach Hause kann, wenn auch die anderen nach Hause wollen, und man blöd angeschaut wird, wenn man als Erste wieder nach Hause will

Aaaaaaaaaaahhhhhhhhhhh!

Marco hat einmal zu mir gemeint – und ich glaube, es war ein Vorwurf –, dass ich abwechselnd wie ein kleines Kind oder wie eine alte Oma sei. Was er damit meinte, war, dass ich einerseits Disney-Filme mit glücklichen Enden und lustige Brettspielabende (mit wenigen Freunden) mag, auf der anderen Seite kleine, dunkle, ruhige Cafés mit bequemen Stühlen und Drinks, die mit Serviette daherkommen, und am Weg dahin gerne mit meiner Handtasche auf meinem Schoß auf dem Beifahrersitz sitze.

Hier ist es definitiv nicht dunkel und ganz sicher nicht ruhig, klein ist es auch nicht. Bequeme Stühle sind weit und breit nicht zu sehen. Die Drinks kommen in klebrigen Plastikbechern und statt Servietten gibt es – richtig: Papier aus'm Klo. (Es gibt Menschen, die finden das Wort Klo vulgär, sie sagen lieber WC, aber WC steht für Water Closet, also Wasserklosett, kurz Klosett, noch kürzer: Klo. Nicht nur sagen sie also im Grunde das Gleiche, sie sagen es auch noch auf Englisch, und oft genug sind Leute, die Wörter wie „Klo" stören, auch solche, die es stört, wenn man alles auf Englisch sagt.)

Ha. Ich habe wohl am Samstag in der Nacht betrunken Marcos Sprachnachricht abgehört. Jetzt müsste ich mich nur noch daran erinnern, was er gesagt hat.

Ja, ich bin ausgegangen. Ja, ich war betrunken.

Dann habe ich Walburga getroffen, die alle Walli nennen, weil niemand es glauben kann, das heute tatsächlich noch jemand Walburga heißt. Aber sie hatte eine ganze Reihe anderer Freundinnen mit, die ich nicht so gut kenne, und das war ein bisschen schwierig. Es war aber ohnehin zu laut, um sich zu unterhalten, also habe ich getrunken und mir war schnell langweilig, und alles, was man tun konnte, war tanzen, aber wer kann schon nüchtern tanzen, ich nicht, ich auf keinen Fall, plötzlich habe ich acht Arme und Beine, plötzlich ist mein Körper an den falschen Stellen weich, wird irgendwie zu schwer, also habe ich noch mehr getrunken, und dann hatte ich zwischendurch nichts zu tun und die Hände so unangenehm frei, also habe ich wieder getrunken, und am Ende habe ich getrunken, weil ich getrunken hatte, tja.

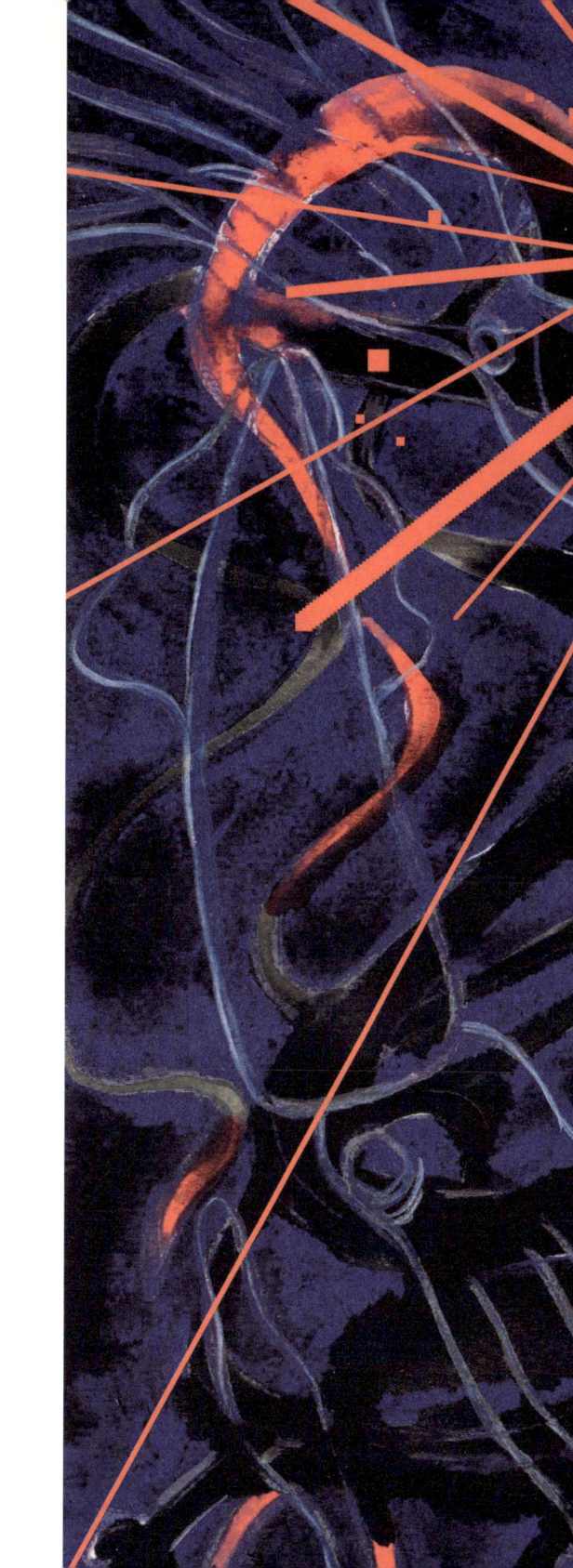

Wenn ich bis hierhin irgendwo behauptet habe, ich hätte keine Freunde, dann war das irgendwie gelogen. Ich habe sehr wohl ein paar Freundinnen und Freunde, aber der Großteil von ihnen ist hart an der Be-Kante.*

Nur Walli nicht, Walli ist irgendwie anders. Ich würde sogar behaupten, Walli sei meine beste Freundin, wenn es nicht eine traurige Sache wäre, das von jemandem zu behaupten, für den es umgekehrt nicht so ist. Wahrscheinlich wollte Walli einmal meine beste Freundin sein und ich hab das irgendwie verschissen. Leider. Ich weiß nicht genau, wann, ich weiß nicht genau, wie, sicher bin ich mir trotzdem. Vielleicht habe ich auch einfach etwas nicht gemacht, das Ergebnis ist jedenfalls das gleiche.

Ich weiß noch, als ich das erste Mal zufällig die Serie „Friends" im Fernsehen gesehen hatte, war mein erster Gedanke: Muss das so sein? Ist es das bei anderen? Diese fünf Leute, die einander alles erzählen, die sich morgens treffen, nachmittags miteinander Kaffee trinken und abends schon wieder treffen, ist das normal? Oder sieht das nur für mich so anstrengend aus?

Dafür scheinen sie oft genug wiederum keine Ahnung zu haben, was der jeweilige aktuelle Partner wirklich denkt, geschweige denn, dass sie mit diesen in ähnlich kurzen Abständen ehrliche und klärende Gespräche geführt hätten. (Sollte nicht eher der Mensch, mit und neben dem man schläft, derjenige sein, vor dem man ungeniert auch alles im Traum ausplaudern könnte, weil er es ohnehin schon weiß? Aber was weiß ich denn schon.)

(* Wegen „Bekannte". Hart an der Kante von Freunden zu Bekannten. Klar? Hey, ich versuche es wenigstens.)

Und dann auch noch drei Frauen! Sind da nicht wieder zwei besser miteinander befreundet als mit der dritten, unternehmen etwas ohne sie, fühlt sie sich dann nicht zurückgesetzt, angestrengt von der Komplexität dieser Interaktionen, gibt es das bei diesen Frauen nicht?

Und die einzige schwarze Frau, die da kurz einmal auftaucht, und das Manipulative in diesen Freundschaften und Joey, ach Joey, und die vielen, vielen, vielen „Witze" über *gay people* und und und. Und ist eine/r von denen überhaupt jemals allein? (Okay, Ross, Ross wohnt allein, Ross ist geschieden, Ross ist oft genug ein Arsch, der ist wahrscheinlich als Einziger von denen öfters allein, so richtig allein, das schlechte allein, Ross ist dabei wegen Monica, wegen Rachel und dann trotz Rachel, wegen Monica, fuck, bin ich eine Ross???)

Cultivate an attitude of gratitude by maintaining a daily list of things you appreciate, including uplifting quotes.

1. Ein dunkles, leicht graues Blau
2. Luftpolsterfolie
3. Frische Bettwäsche
4. Joghurt im Kühlschrank
5. Den Stoff meiner alten Jogging-hose
6. Das Geräusch des Zimmerbrunnens im leeren Haus
7. Eine Tür hinter sich schließen können, aber nur, wenn davor keine Leere zurückbleibt
8. Wenn von allen Teilen eines Haupt-gerichtes bis zum letzten Bissen genug auf dem Teller ist
9. "German is like a dictionary of obscure sorrows."*

(* Es macht, dass sich das Sprechen ganz leicht anfühlt, wenn man sich die eigene Muttersprache so vorstellt.)

Heute, in der Sitzung, hätte ich gerne von Samstag und von Walli erzählt, weil das ja nun mal eindeutig irgendein Problem war, aber diesmal wollte der Psychologe ganz andere Sachen von mir wissen. Welche sieben Zahlen er eben gesagt hatte, und zwar von hinten nach vorne bitte. Und die nächsten lieber von der größten zur kleinsten sortiert.

Wenn mir jemand eine solche Aufgabe stellt, befehle ich meiner inneren Stimme, die Klappe zu halten. Ich lasse die Zahlen in meinen Kopf hinein und vertraue einfach darauf, dass sie in der gewünschten Reihenfolge auch wieder herauskommen. Ich habe nichts damit zu tun.

Nicht so bei Rechenaufgaben in Textform. Während mir eine Aufgabe vorgelesen wird, konzentriere ich mich hart auf jedes Wort. Sobald ich eine Zahl erkenne, halte ich sie fest. Eine in der linken Hand, eine in der Rechten. Der dritten steige ich auf den Schwanz, damit sie mir nicht davonlaufen kann. Dann rechne ich, und für jeden Rechenschritt muss ich eine bis zwei Zahlen in die Luft schupfen und aufpassen, dass ich sie samt dem Zwischenergebnis wieder auffange, wie ein Jongleur, dem jemand noch eine Keule zuwirft. Das ist schwierig. Ich bin eine ungeschickte Jongleurin. Die Berechnungen selbst sind einfach.

Danach meinte der Psychologe, ich wäre die Erste in seiner Praxis gewesen, die alle zehn vorgelesenen mathematischen Aufgaben richtig gelöst hätte.

„Du bist unglaublich gescheit, aber zum Leben zu dumm." Das hat meine Mutter einmal zu mir gesagt. Jetzt habe ich die Gescheitheit wissenschaftlich bescheinigt, aber den anderen Kram leider auch. „Gesamt-IQ: 136" steht da, blau auf weiß, und ein paar Seiten weiter ein Zahlencode, den ich nun unsichtbar auf der Brust trage, wie ein Panzerknacker:

ICD-10/DSM-5 F84.5.

Ich wäre nicht ich, wenn ich es nicht schon vorher gewusst hätte. Ich wäre nicht ich, wenn ich nicht schon nach der dritten von sechs Sitzungen, als der Psychologe zu mir meinte, für Leute „wie mich" wäre es ganz normal, sich manchmal vor anderen zu verstecken, mit dieser vorgezogenen Bestätigung, wie mit einer Erlaubnis in der Hand, begonnen hätte, alles darüber zu lesen, was sich finden ließ.

Mein Psychologe hat mir ein ausgedrucktes Persönlichkeitsprofil mitgegeben, das aussieht, als hätte sich eine Spinne mit Schlaganfall ihren Weg durch ihr Netz gebahnt. Ganz unwillkürlich lehne ich mich auf die linke Seite, wenn ich es betrachte. So einfach ist das offenbar mit der Selbsterkenntnis. So simpel bin ich also. So kompliziert.

Neurotypische
Beziehungen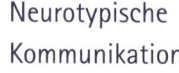

Neurotypische
Kommunikation

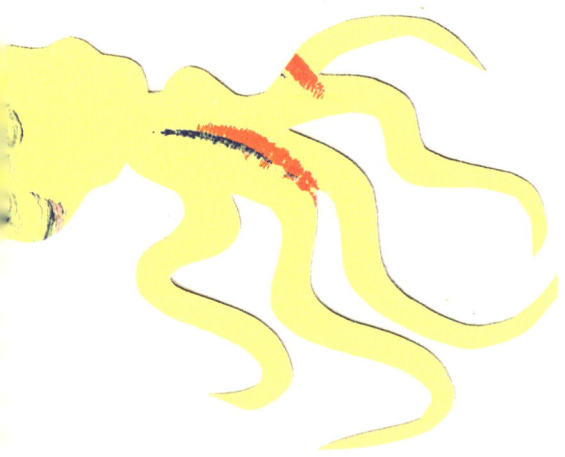

58

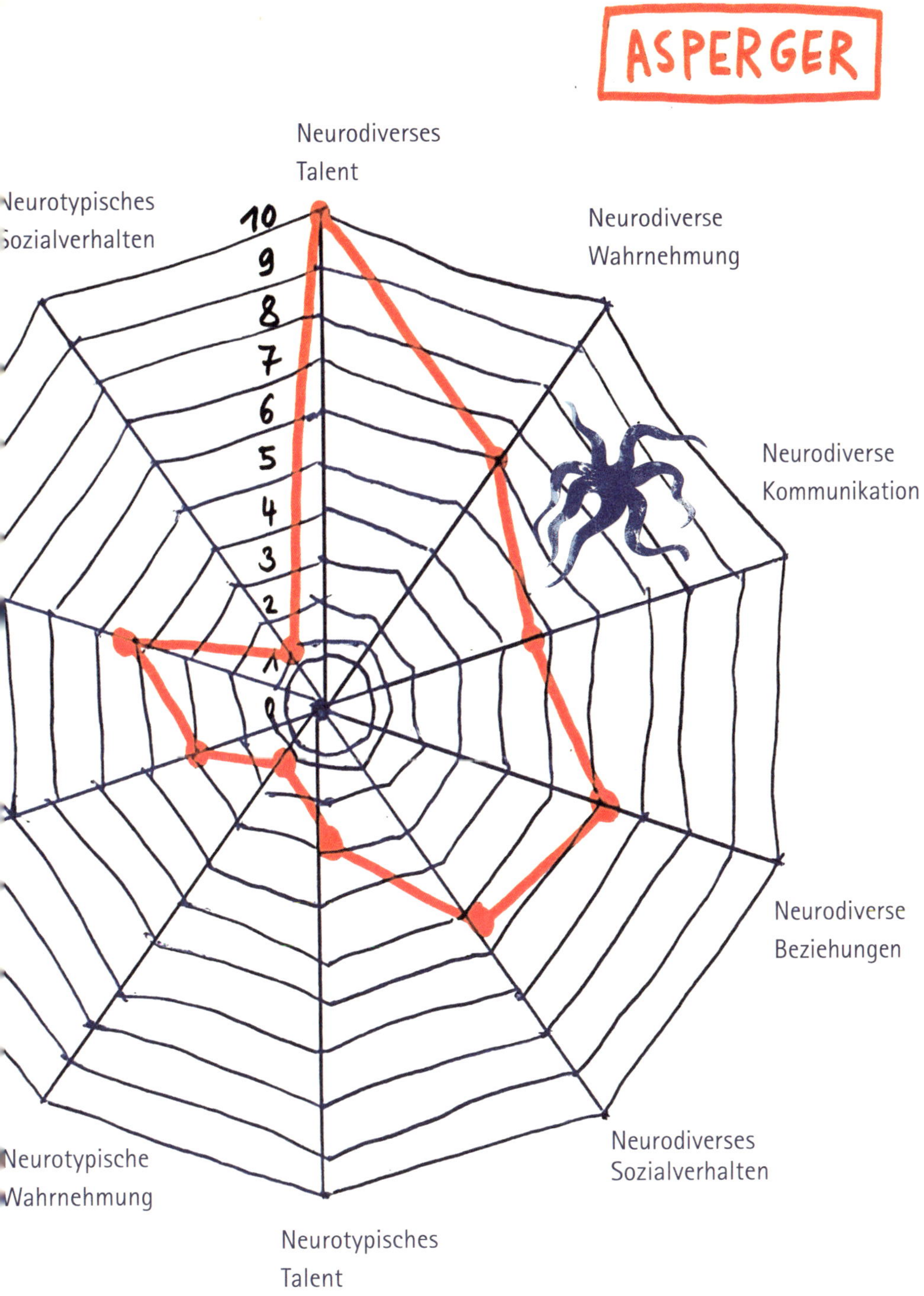

ASPERGER

Neurodiverses
Talent

Neurotypisches
Sozialverhalten

Neurodiverse
Wahrnehmung

10
9
8
7
6
5
4
3
2
1
0

Neurodiverse
Kommunikation

Neurodiverse
Beziehungen

Neurotypische
Wahrnehmung

Neurodiverses
Sozialverhalten

Neurotypisches
Talent

Das **Asperger-Syndrom (AS)** wird als Teil des Autismus-Spektrums klassifiziert

- *Autismus* ist unabhängig von der Intelligenz

  - 1–2 % der Bevölkerung sind am Spektrum

- Frauen werden seltener als *autistisch* erkannt

  - Die Diagnosekriterien für Autismus wurden anhand der Beobachtung von männlichen Kindern erstellt

  - Mädchen können die Anzeichen von Autismus besser maskieren

- **Auf jedes diagnostizierte Mädchen kommen vier Jungen**

  - Als „high-functioning" werden Mädchen zehn Mal seltener diagnostiziert

- **Frauen erhalten oft falsche Diagnosen** (bipolare Störung)

  - Im Gegenteil zu anderen Autismus-Typen ist bei Kindern mit AS die Sprache besonders hoch entwickelt

- Kinder mit AS beginnen oft sehr früh zu lesen

- Kinder mit AS können ihre Aufmerksamkeit schwer willentlich steuern

- Menschen mit AS sind oft ungeschickt

- Menschen mit AS haben Schwierigkeiten mit Blickkontakt

- Menschen mit AS mögen keine Planänderungen

- Menschen mit AS werden von ihrer Umwelt als leicht wunderlich wahrgenommen

Wer bin ich, und wenn ja,
wem sage ich es?

Es gibt Leute, die meinen, wir würden Filter über Fotos legen, um uns das Leben zu beschönigen. Und damit Unerreichbares herstellen. Ein unstillbares Verlangen erzeugen. Sehnen und Sucht. Aber ich glaube, wir brauchen die Filterfunktionen, damit die Dinge so aussehen, wie sie wirklich sind. Für uns. Die Größe des Sonnenuntergangs auf einem zu kleinen Bildschirm. Ein geliebter Mensch in Bewegung erstarrt. Die Kamera hat ein nacktes Auge. Unsere Wahrheit ist keine reine Abbildung.

Ich habe versucht, ein Bild von Gaius zu machen. Wie er, blass-violett, fast weiß, frei in seinem Tank schwebt. Ein kleines, verlorenes Gespenst. Wie das Licht aus den anderen Tanks in unnatürlich blauen Wellen über ihn wandert. Zwei seiner Fangarme spielen miteinander, kräuseln sich umeinander, halten einander fest. Sein Trichterorgan pulsiert.

Als ich beim Abendessen mit meiner Familie am Tisch sitze, bin ich Fabi. So wie ich gestern Fabi war, so wie ich morgen Fabi sein werde. Das bedeutet nicht, dass ich mich nicht ändere. Wer Fabi ist, das ändert sich mit mir. Wie war dein Tag, Fabi, fragt mein Vater mich, und ich antworte ihm: Hm.

Raffi, tritt nicht gegen Fabis Sessel, sagt er dann und ich bin ihm dankbar. Wo warst du heute, will meine Mutter wissen, so wie sie immer alles wissen will und nie etwas erzählt, und ich sage: Aquarium.

Wer Fabi ist, das ändert sich aber nicht mit dem, was andere Leute über Fabi sagen. Und, war's schön, will meine Mutter wissen und ich sage: Ja.

Gibt es dort Tintenfische, fragt sie weiter. Hm, mache ich, weil ich sie nicht gleich verstanden habe.

Ob es dort Tintenfische gibt! Ja. Welche denn? Hm? Welche Tintenfische!

Warum man dir immer alles aus der Nase ziehen muss, regt sich meine Mutter auf. Als kleines Kind hast du nie aufgehört zu reden, ständig hattest du den Mund offen und jetzt das. Ja.

Ein Tiefsee-Oktopus. Gaius ist ein Tiefsee-Oktopus. Tiefsee-Oktopusse leben rund um die japanischen Inseln und vor den Küsten Russlands, aber auch an der amerikanischen Westküste von Alaska bis Kalifornien. Ihre Lebenszeit ist eine der längsten unter allen Kopffüßern. Manche Weibchen bewachen ihre Eier über Jahre hinweg. Dabei werden sie langsam immer blasser und zerfallen, lösen sich auf. 1.000 bis 3.000 Meter unter dem Meer.

So ein Blödsinn, du bist doch nicht behindert, Fabi, das würde meine Mutter sagen. Was war das für ein Psychologe, was weiß denn der. Du hast sicher übertrieben, und ein Stück weit kann ich sie verstehen.

Wenn ich nachts nicht schlafen kann, stelle ich mir die Stille vor, dort unten. Den Druck, der auf einem lastet, rundherum gleich. Ich ziehe meine Decke enger um mich, bis ich fest in sie eingerollt bin. Schwer genug ist sie lange nicht.

Heute war ich mit Walli Kaffee trinken. Erwachsenwerden ist eine endlose Reihe bitterer Getränke.

Während sie mir so an einem kleinen Kaffeehaustisch gegenübersitzt und erzählt, frage ich mich immer, ob ich ihr genug in die Augen sehe: direkt genug, lange genug, unauffällig genug, natürlich genug. In das linke oder in das rechte? Ob mein Lächeln gerade ist oder schief. Ob ich aufmerksam erscheine. Wann ich wieder wegsehen darf. Ich versuche mich daran zu erinnern, Fragen zu stellen, nicht immer bereits meine Antworten zu überdenken.

Heute war das besonders schwer.

Während ich ihr gegenübersaß und ihr zuhörte, wie sie mir vom Line-up des kommenden Musikfestivals vorschwärmte, überlegte ich, ob ich es ihr sagen sollte, wieder und wieder.

Würde es etwas ändern zwischen uns? Würde sie vielleicht manche Dinge auf einmal verstehen, so wie ich sie verstehe – oder würde sie mich nur anders sehen? Habe ich eine neue Entschuldigung oder endlich einen handfesten Anker für die Unzufriedenheit mit mir?

Ich überlege, warum das bisher halbwegs gut funktioniert hat, das mit Walli und mir. Vielleicht, weil sie ständig redet. Sie wartet nicht auf mich. Sie braucht mich dazu nicht. Ich darf vergessen zu fragen. Auch unterbrechen darf ich sie. Sie nimmt meine Zwischenrufe und Einwürfe hin wie der Strand die Wellen. Mit kurzem Anlauf fängt sie ihre eigene Geschichte wieder an. Wie ich da mit Walli so sitze, bin ich Fabi. So, wie ich gestern Fabi gewesen bin, so wie ich morgen Fabi sein werde. Das bedeutet nicht, dass ich mich nicht ändere.

Sie könnten sich den Menschen nähern, als wären Sie Oktopusse, hat der Leonhard Klüger ganz am Ende zu mir gesagt. Als Forscherin. Mit Neugier.

Wenn ich das Wort „annähern" höre, ist es ein Gefühl. Eine Nase, die sich auf etwas zubewegt. Eine ausgestreckte Hand. Ein Läufer kurz vor einer Ziellinie.

Eines meiner philosophischen Lieblingsprobleme war immer, dass der Hase die Schildkröte nie einholen kann, nachdem er ihr einmal Vorsprung gegeben hat. Weil er ja zuerst die Hälfte dieser Strecke laufen muss und sie währenddessen auch wieder weiter-laufen kann. Und dann muss er zuerst wieder die Hälfte der noch übrigen Strecke laufen und die Schildkröte läuft gleichzeitig wieder ein bisschen davon. Und so weiter und so fort. Und so werden die Stecken zwar immer kürzer, die, die der Hase aufholt, und die, die die Schildkröte davonläuft, aber es bleibt immer ein Stückchen übrig, und ist es noch so klein. So kommt er nie an der Schildkröte vorbei, der Hase.

Vielleicht kann man einen anderen Menschen nie ganz kennenlernen, weil Menschen sich eben ständig ändern. Kaum hat man etwas über sie gelernt, bewegen sie sich schon wieder davon.

Write a list of questions to which you urgently need answers.

War das Nägelbeißen, das Auf-den-Händen-
Sitzen, das Auf-den-Außenseiten-meiner-
Füße-Stehen, war das immer
schon „Stimming"? Und warum gibt es
dafür kein deutsches Wort, warum
klingt das nach Masturbation?

Bin ich ungeschickt oder autistisch?
Bin ich unaufmerksam oder autistisch?
Bin ich unfreundlich oder autistisch?
Ist das noch ein Hobby oder schon eine
Hyperfixation?

Wo ist Marco, wenn man ihn braucht. Mit ihm habe ich über alles reden können.

(Ich meine, wer sollte einen am besten kennen, wenn nicht die Person, die schon Vtellen des eigenen Körpers gesehen hat, bei denen man sich selbst schwertut, ohne gröbere Verrenkungen teilweise auch nur einen Blick drauf zu werfen.

((Einmal stand in einer dieser Frauenzeitschriften, dass die wenigsten Frauen wüssten, wie der eigene Genitalbereich im Detail aussieht. Und ich so: Pfff, wie auch. Bin ich ein Schlangenmensch? Und dann stand dort, man solle sich die Zeit und einen Handspiegel nehmen und einfach mal nachsehen. Fand ich einleuchtend.

Ist ja eigentlich Blödsinn, dass wir uns ständig selbst finden wollen, dabei würden wir uns aus manchen Winkeln nicht einmal erkennen. ((("Ist das deine Vulva?" "Keine Ahnung!")))

Also habe ich das gemacht. Aber so auf dem Boden zu hocken, ist ziemlich unbequem, und Balance ist auch nicht gerade meine Stärke, und irgendwie, tja, irgendwie habe ich meinen Hintern auf dem Spiegel platziert und et voilà:

Meine Pussy ...

(((Liste vertretbarer Namen für das weibliche Geschlecht? Lateinisch: Cunnus, Mehrzahl Cunni. Klingt nach Wolken.)))

... hat jetzt eventuell sieben Jahre Pech. Aber zum Glück immerhin bei der Aktion keinen Splitter abbekommen.))

Okay, das habe ich nicht mal Marco erzählt. Wer erzählt auch jemandem, der sich am Ende vielleicht doch nur als Fuckboy entpuppt, dass sie mit ihrem Arsch einen Spiegel zerbrochen hat.

FUCK BOY

Sexy. Sollte ich das jemals jemanden erzählen können, ich be-
fürchte, die Person muss ich auf der Stelle heiraten, so jemanden
finde ich nie wieder.)

Obwohl, mit Marco war das schon anders. Vertrauter. Wo ist also
Marco, wenn man ihn braucht, damit ich ihm erzählen kann, was
ich nun über mich selbst weiß, und er einfach darüber lacht und
sagt: „Ich hab schon immer gewusst, dass du einen an der Waffel
hast." Und damit ist es erledigt, es ändert sich nichts für ihn,
und ich bleibe auch die Gleiche, nur mit dem Geschmack von
belgischer Waffel mit Vanillesoße im Mund und diesem kleinen
Lachen, um mich daran festzuhalten.
Vielleicht vermisse ich ihn doch.

Mein Psychologe hat mir gemeinsam mit der letzten Rechnung eine Einladung zu einer Gruppe für autistische Jugendliche geschickt. Jeden zweiten und vierten Mittwoch im Monat. Das ist nächste Woche.

Ich würde lieber weiter nur mit meinem Psychologen reden. Jetzt, wo ich mich endlich an ihn gewöhnt habe, ist alles auch schon wieder vorbei. Nicht dass er das so gesagt hat. Nein, im Gegenteil, er hat gesagt: „Wenn Sie Hilfe brauchen, sagen Sie Ihren Eltern, dass ich gerne noch ein paar Sitzungen mit Ihnen mache." Ich habe nur „Danke" geantwortet, was nicht gelogen ist (obwohl ich durchaus lügen kann, also ich persönlich, bloß mein Gesicht nicht), ich bin ihm dankbar für sein Angebot, auch wenn es natürlich keine Option ist, denn das Geld vom Ferienjob ist verbraucht. Gleichzeitig habe ich darüber nachgedacht, dass das klingt, als würde sich ein Erwachsener eine Erlaubnis von seinen Eltern aus dem Altersheim abholen. Vielleicht wäre es mir jetzt doch lieber, er würde mich duzen, jetzt, wo wir uns so gut kennen. Aber es wäre auch seltsam, wenn er einem die Diagnose präsentiert und am Ende dazu noch das Du-Wort anbietet. („Hey, du hast Asperger, ich bin übrigens der Leonhard.")

Ich würde lieber weiter nur mit meinem Psychologen reden als mit einer Gruppe Fremder.

Eine Diagnose macht noch keinen Freund. Eine Diagnose macht noch nicht einmal freundlich.

Was, wenn die mich nicht mögen. Was, wenn ich die nicht mag. Was, wenn die alle vom anderen Ende des Spektrums sind. Wenn da irgendwelche wohlmeinenden Eltern ihre schaukelnden, kopfschüttelnden, austickenden Kinder hinbringen, die ihre Kekse nur in einer ganz bestimmten Reihenfolge essen können, damit die sich eine Stunde lang gegenübersitzen und nicht reden können. Ja, ich weiß, das Spektrum ist keine Linie. Was, wenn ich aber das Spektrum als Linie haben will. Was, wenn ich wenigstens hier an der Spitze stehen will. Was, wenn ich gar nicht autistisch sein will. Ich will nicht autistisch sein. Ich will lieber nur Asperger haben.

Ich will nicht, dass die Leute hinter meinem Rücken sagen, ich wäre irgendwie gestört. Da sollen sie lieber weiterhin denken, ich wäre eingebildet, unhöflich, berechnend, krankhaft ehrgeizig, überängstlich, schlecht gelaunt.

Ich will da nicht hin. Ich fahre mit Walli auf das Festival. (Vielleicht ist der eine Typ mit seinem Campingbus auch wieder dabei, der mit den blonden Locken!)

Also: Ich würde auch lieber weiter mit meinem Psychologen reden, als das alles hier nur aufzuschreiben. Aber na ja, Schreiben ist offenbar die Therapie der Wahl für Arme. Ich meine nicht Therapie für Asperger, braucht man ja auch nicht, aber für das Nicht-Schlafen-Können. Das Sich-ständig-im-Bett-Herumdrehen. Das Nachts-immer-wieder-Aufstehen. („Können Sie mir nicht einfach eine Schlaftablette geben", hatte ich zum Psychologen gesagt und er hat mich bloß an den Witz mit dem Psychiater und dem Therapeuten erinnert.)

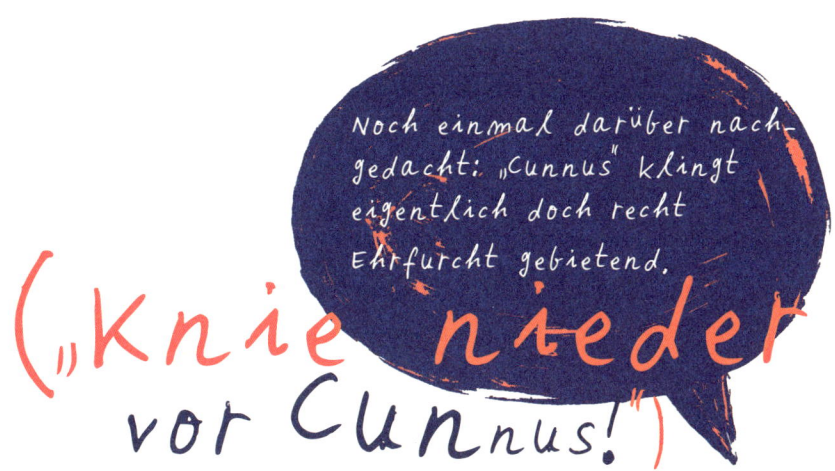

Noch einmal darüber nachgedacht: „Cunnus" klingt eigentlich doch recht Ehrfurcht gebietend.

(„Knie nieder vor Cunnus!")

festival-liste

Allgemein:

Geld !!
Ausweis
Ticket !!

Camping:

Zelt
Schlafsack
Isomatte
Kopfpolster
Schlafmaske
Ohrstöpsel
Taschenlampe
~~Taschenmesser~~

Campingkocher
Campingstuhl
Geschirr
(Topf, Löffel,
Gabel, Becher, Schüssel

Kleidung:

3 x Unterhose
3 x Socken
4 x T-Shirt, BH
Kurze Hose
Lange Hose
Pullover
Pyjamahose

Technik:
Powerbank ✓
Solarladegerät
Handyladekabel
~~Kopfhörer~~

Hygiene:
Zahnpasta ✓
Zahnbürste ✓
Duschgel ✓
Deo ✓
Alles fürs Gesicht (Reinigungsschaum, BB Creme, Pickelstift)
Labello
Haarbürste ✓
~~Sonnencreme~~
Klopapier
Diva Cup

Essen:
6 x Dose
Brot
Cornflakes
Hafermilch
Süßes
Chips
Wasser

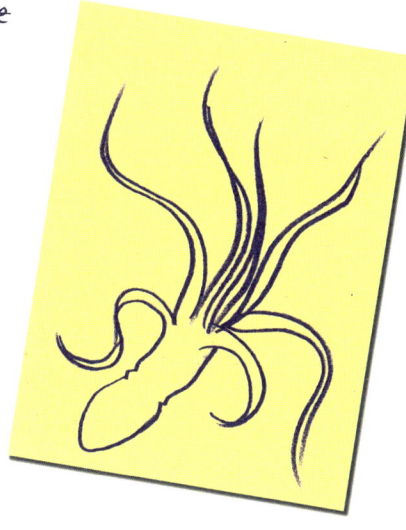

Liebes Tagebuch!

Haha. (Habe gelernt, man macht so Sachen einfach ironisch, dann geht alles*)

*Wikipedia sagt: „Die einfachste Form der rhetorischen Ironie besteht darin, das Gegenteil dessen zu sagen, was man meint.

(Meiner Meinung nach trifft diese Definition auch auf das Konzept „Höflichkeit" zu.)

Bei der Ironie geht man davon aus, dass alle anderen wissen, dass man es nicht so meint, sonst funktioniert die Ironie nicht. Ironisch."

(Vielleicht ist Höflichkeit auch nur weitergeführte Ironie, bei der oder die Andere höflicherweise so tut, als wüssten sie nicht, dass man es in Wahrheit anders meint.)

Heute im Supermarkt beim Einkaufen für das Festival zufällig einen von Marcos Freunden getroffen. (Was zu erwarten war, irgendwann.) Wusste natürlich seinen Namen nicht mehr. Bilde mir ein, dass ich mir nichts hab anmerken lassen. Sagt er zu mir: „Ich hab dich noch nie in 'nem Kleid gesehen." Gleich zur Begrü-ßung. Und sich dann bemüßigt gefühlt, mir zu erklären, dass ihm das immer an mir gefallen hätte. Dass ich nicht so ein Mädchen bin. Also mit Kleidern, zum Beispiel. Was soll man darauf sagen? *Entschuldigung?* Und als wir dann denselben Weg zum Regal mit den Konservendosen hatten, hat er mir noch weiter erklärt, dass ich quasi sowieso nie eine *richtige* Frau war für ihn. Dass er Marco darum immer ein bisschen beneidet hat. „Das muss sein, als würde man seinen besten Freund ficken." Und dann hat er mich angesehen, als hätte er mir eben ein besonders tolles Kom-pliment gemacht und ich hätte ihn dort gleich und auf der Stelle mit mir in das Konservenregal zerren sollen, aber ich habe nur gesagt: Tja. Und mir vorgestellt, wie die Dosenpyramide über ihm zusammenstürzt. Tja.

Manchmal vergesse ich, dass ich einen Körper habe. Also nicht
in dem Sinne, dass ich mich nicht spüre, im Gegenteil, ich fühle
mich gut. Besser sogar. Aber wenn ich mich selbst nicht sehe,
dann sehen mich auch andere nicht.
Bis mich jemand erinnert.

„Was, du rasierst deine Beine nicht?"
„Deine Augenbrauen gehören nur ein
bisschen gezupft."
„Lächel doch mal."

Vielleicht habe ich gar kein Asperger, vielleicht bin das gar nicht
ich. Vielleicht habe ich nur zu oft und zu viel darüber gelesen
und habe dem Psychologen genau das erzählt, was er hören
wollte. Sollte. Und ich wollte auch nur. Eine Erklärung für man-
ches. Eine Entschuldigung, kann sein.

Es ist drei Uhr morgens und ich will schlafen. Gleich komme ich aus dem Zelt. Gleich bitte ich darum, dass man die Musik leiser macht.

Kann man zwei Paar Ohrstöpsel hintereinander in den Gehörgang schieben?

Ich könnte meinen Kopf in Isabells Isomatte einwickeln, Isabell ist ja nicht da. Zum Glück ist Isabell nicht da, weil ich möchte ohnehin nicht, dass jemand, den ich fast nicht kenne, neben mir schläft. („Hey, du bist ja allein, kann Isabell bei dir schlafen?" „Na klar, sicher, warum nicht.") Weil, Walli schläft ja bei ihrem Freund. Also.

Warum nicht? Weil ich mich dann die ganze Nacht nicht traue, mich so oft umzudrehen, wie ich möchte, so laut zu atmen, wie ich möchte, so oft aufzustehen, wie ich möchte, so oft aufs Klo... Aber bei dem Lärm wäre es ohnehin egal.

Welcher Arsch bildet sich ein, dass ALLE anderen auf dem Campingplatz um drei Uhr morgens in voller Lautstärke seine Musik hören wollen. Gleich gehe ich hinaus. Gleich bitte ich darum, dass man die Musik leiser macht. Warum stört das niemanden außer mir?

Stört das niemanden außer mir?

Kann es wirklich sein, dass ich die einzige Person bin, die das STÖRT?

Auf der anderen Seite kann ich noch Stimmen hören, aus dem Gemeinschaftszelt, Wallis Freunde. Gemurmel. Sie klingen glücklich. Fröhlich. Die stört die Musik nicht. Natürlich. Ich verstehe nur einzelne Wörter, dazwischen nichts. Ob Isabell woanders schläft? Ob sie noch ins Zelt gekrochen kommt? Warum auch einschlafen, wenn sie mich ohnehin wieder aufwecken wird?

Warum wollte sie dann überhaupt in meinem Zelt schlafen, wenn sie ohnehin nicht kommt?

Vielleicht, wenn ich den Gummi der Schlafmaske noch über die Ohrstöpsel ziehe?

Nichts. Gleich gehe ich hinaus, gleich... Am liebsten würde ich schreien. Den ganzen Campingplatz niederschreien, dass alle gefälligst still sein sollen. Ruhe! MUSIK aus, Klappe halten.
Morgen nicht vor acht Uhr auf.

Schreiben Sie einfach auf, was sie beschäftigt, hat er gesagt, dann ist es irgendwie abgehakt, erledigt.

Jaha, vielleicht, wenn das, was mich beschäftigt, nicht gerade weiterhin passiert!

Je müder ich werde, umso lauter wird die Musik.
Gleich stehe ich auf. Gleich gehe ich hinaus. Gleich.

STÖRT DAS NiemANden, ausser Mir?

Lärm bringt Tintenfische aus dem Gleichgewicht. Buchstäblich. Lärm schädigt Hör- und Gleichgewichtssinn von Kopffüßern.

(Buchstäblich bedeutet „Im wahrsten Sinne". Gelesen steht da aber: In Buchstaben. Auf dem Papier. In Schrift. Wenn ich also sagen möchte, etwas wäre wirklich und wahrhaftig so geschehen, muss ich sagen, es wäre wie niedergeschrieben passiert. Muss ich nicht verstehen. Oder?)

Wenn ich nicht schlafen kann, schaue ich Videos.

Man sieht einen Oktopus, der über den leeren Meeresboden gleitet. Er schleppt die zwei Hälften einer Kokosnussschale mit sich. Die Sprecherstimme erklärt, dass der Oktopus am sandigen Grund keine von ihm dringend benötigte Rückzugsmöglichkeit findet. Plötzlich stoppt das Tier. Klettert in die eine Hälfte der Schale hinein. Zieht die andere über sich zu. Verschwindet darin.

Ich wünsche mir, die Fasern meines Schlafsacks würden aushärten, meine Hülle starr werden, braun. Ich halte die Luft an, bis es in meinen Ohren rauscht.

Asperger ist eine Form von Autismus.

Das Internet sagt, Autismus wäre eine Störung (genauer gesagt, eine Spektrumstörung).

„Bist du gestört, oder was?"

Asperger ist ein sogenanntes Syndrom.

Wörterbuch: **Syndrom** = durch das gemeinsame Auftreten bestimmter charakteristischer Symptome gekennzeichnetes Krankheitsbild

Wörterbuch: **Krankheit** = Störung der normalen Funktion eines Organs oder Körperteils, auch des geistigen, seelischen Wohlbefindens

Ich bin nicht gestört, ich werde gestört. Vieles auf dieser Welt stört mein seelisches Wohlbefinden sogar ganz erheblich!

(„Wie geht's dir?"
(„Heulst du jetzt?"

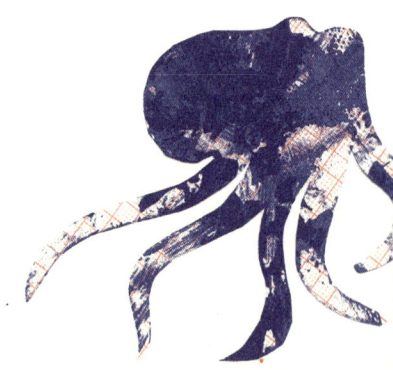

Leute, die sagen, „Das Spektrum ist keine Linie", zeichnen gerne einen Farbenkreis, um zu verdeutlichen, dass es hier kein Mehr und kein Weniger gibt, nur ein Unterschiedlich. Das Problem ist, das ist falsch. Der Farbenkreis ist eine Lüge. Bricht man (weißes) Licht in seine Einzelteile auf, erhält man ein Spektralband, von Rot nach Violett, keinen Kreis. Einen Regenbogen.

Leute, die sagen, „Das Spektrum ist keine Linie", meinen, dass man Autismus nicht messen kann. Ich stelle mir vor, Asperger ist einer der Teile des Spektrums, den man nicht einmal sieht:

ultraviolett.

„Danke, gestört.")
„Nein, ich habe nur meine Sonnenbrille vergessen.")

„Und, was war es bei dir?"

Die Frage kommt von Mathias. (Mathias – mit einem t, aber mit h, Mathias, so eine Information hilft mir, mir einen Namen zu merken.) Mathias ist anders. Anders, als ich ihn mir vorgestellt hatte. Er ist jemand, dem ich ins Gesicht sehen kann, weil er mir nicht ins Gesicht sieht. Und selbst wenn, schaut er leicht an mir vorbei, hinter mich, oder starrt mir ein Loch in die Stirn. Schaue ich auch so?

Liste der Dinge, die „es" bei mir waren:
- An den Abenden, an denen meine Eltern mit mir als Kind früher von Gartenfesten nach Hause fahren mussten, während alle anderen sich freuten, länger wach bleiben zu dürfen, weil ich müde war, Bauchweh hatte und/oder fror. Und sobald ich im Auto saß, war alles gut. Die Ruhe, der begrenzte Raum.
- Die komischen Blicke, als ich mit dreizehn zum Übernachten bei einem anderen Mädchen eingeladen worden war, meine Eltern es spontan erlaubten und meine Reaktion war: Aber ich habe doch gar keine frischen Socken dabei.
- Dieses Wochenende, als ich auf dem Campingplatz bei einem Festival mitten in der Nacht aus dem Zelt gestürmt bin, um ein paar Leute anzuschreien, sie sollen gefälligst ihre Musik leiser machen.

„Kleinigkeiten", antwortete ich.

Die Gruppenleiterin hat uns zusammengespannt, Mathias und
mich. Mathias ist ungefähr so alt wie ich. Mathias möchte Mee-
resbiologe werden, das hat die Gruppenleiterin gesagt. „Das passt
doch", hatte sie noch gemeint. „Fast zu ähnlich", hatte sie noch
hinzugefügt, und sogar ich konnte sehen, dass sie überlegte, uns
doch anderen Partnern zuzuteilen.

Schnell wegdrehen, bevor sie noch auf Ideen kommt, während
ich mich schon mit dem Gedanken angefreundet habe.
Dann sollten wir uns gegenseitig von unseren Spezialinteressen
erzählen und einander je drei Fragen dazu stellen. Danach der
Gruppe präsentieren, was man über den anderen gelernt hat.

Liste der Dinge, die ich von Mathias gelernt habe:
- Es gibt Spielzeug, das quasi wiederverwendbare Luftpolsterfolie ist (das hat nichts mit Meeresbiologie zu tun)
- Das kleinste Wirbeltier der Welt ist ein Fisch von der Größe
  einer Mücke, der so durchsichtig ist, dass man sein Gehirn
  sehen kann
- Wir wissen weniger von der Tiefsee als vom Mond
- Obwohl es in Texten häufig „die sieben Weltmeere" heißt, gibt
  es nur fünf

Mathias wollte mir auch vom Mimik-Oktopus erzählen, aber den
kannte ich schon.

Der Mimik-Oktopus verfügt über die Fähigkeit der kognitiven Empathie. Der Angeber.

> **Kognitive Empathie**, die Fähigkeit, nicht nur Gefühle, sondern auch Gedanken und Absichten anderer Menschen zu verstehen und daraus korrekte Schlussfolgerungen zu ihrem Verhalten abzuleiten

Man kann den Mimik-Oktopus nur schwer im Aquarium halten, weil die Tiere dann meist die Nahrung verweigern und schnell sterben.

Ich frage mich, was diese Tiere in den Menschen rund um sie gesehen haben.

Heute war ich wieder im Aqua Zoo, diesmal mit Mathias. (Ich mag Mathias. Mit ihm ist alles ganz einfach. Es ärgert mich ein bisschen, dass ich ihn mag, weil das ist ja beinahe ein Klischee.) Ich wollte ihm also Gaius zeigen, aber als wir dort ankamen, stand dort bereits ein Vater mit seinem Sohn, und ich wollte schon umdrehen, um später wiederzukommen, denn erstens mag ich es nicht, wenn jemand anders bei meinen Gesprächen zuhört, und zweitens sind kleine Kinder oft anstrengend, weil sie einem alles erzählen, was sie gerne ihren Eltern erzählen würden, wobei die aber schon lange nicht mehr zuhören, und das ist einfach viel zu viel. Aber bevor wir umdrehen, schaut mich der Vater plötzlich an, sagt „Hallo" und hat dieses „Wir kennen uns"-Gesicht, mit dem erwartungsvollen Lächeln. Und ich grabe in meinem Hirn nach allen möglichen Bekannten meiner Eltern, nach den Eltern von Raffis Freunden, weil woher soll ich sonst so jemanden kennen, finde nichts, finde nichts, gerate in Panik, sage ebenfalls „Hallo", lächle noch immer, hoffentlich nicht so offensichtlich panisch, die Stimme kommt mir doch bekannt vor, da sagt der Vater: „Leonhard Klüger, du weißt schon, und das ist mein Sohn."

„Ich weiß", sage ich und dann war es auch wahr. Ohne seine
Praxis rund um ihn herum hätte ich ihn nicht erkannt. Überhaupt
sind die meisten Menschen bei mir nur Rahmen, nicht Gesicht.
Bart, Haar, Brillen. Das dunkle Haar von Leonhard Klüger rahmt
in meiner Erinnerung ein Nichts.
Tintenfische können menschliche Gesichter erkennen,
Die Angeber.

Liebe Walli,

als du mir heute erzählt hast,
dass du mit Lisa nächstes Jahr
im Sommer mit dem Zug quer
durch Europa fahren möchtest, da
war ich ein bisschen traurig, weil
du nicht mich gefragt hast. Also
nicht, ob ich mitkommen will,
sondern überhaupt. Weil du nicht
auf die Idee gekommen bist, mit
mir zu fahren, weil wir nicht die
Art von Freundinnen sind, die

Stellen Sie sich vor, zwei Personen sprechen über Sie.

Ich dachte, das soll therapeutisch sein. Allein die Vorstellung, dass sich zwei andere Menschen über mich unterhalten, ohne dass ich dabei bin, löst in mir Angstzustände aus.

Das ist noch schlimmer, als wenn niemand über einen spricht.

Am allerschlimmsten: eine Kombination aus beidem! Wenn Walli zum Beispiel eine Nachricht von mir bekommt, wenn sie gerade mit Lisa ihren gemeinsamen Urlaub plant, und Lisa fragt: „Was ist?" Und Walli sagt nur: „Ach, nichts", und legt das Handy weg. Und irgendwann sagt sie dann vielleicht doch: „War bloß eine Freundin. Ich glaube, sie ist irgendwie eifersüchtig, weil ich mit dir in den Urlaub fahre. Dabei hat sie noch nie was gesagt, dass sie mit mir in den Urlaub fahren will. Und wenn man mit ihr irgendwo ist, ist alles immer so anstrengend. Zuerst hat sie Hunger, dann passt ihr das Essen nicht, ihr ist zu heiß oder zu kalt, es sind zu viele Leute da, es spielt die falsche Musik, sie will nach Hause, was weiß ich." „Klingt anstrengend." „Hm." „Und nicht wirklich nach Spaß." „Nee." Und dann, nochmals ein bisschen später, weil Walli eben Walli ist: „Ich mein, sie ist wirklich nett und alles, und wenn es um was Ernstes geht, dann ist schon auf sie Verlass."

Heute hat meine Mutter einen meiner Zettel gefunden. Sie hat nur einen Blick darauf geworfen und gefragt:

„Was ist Petrichor?"

Mit dieser alarmierten Stimme, als hätte ich „Kokain" auf eine Einkaufsliste geschrieben.

Write down 3 of your favorite smells.

1. Zitronenschale, gerieben
2. Tannennadeln, sonnenwarm
3. Petrichor

Ein Mangel ist erst einer, wenn er einem auffällt.

In der deutschen (und auch der englischen) Sprache gibt es keine abstrakten Begriffe für Gerüche. Also nichts, was vergleichbar wäre mit den Namen, denen wir Farben oder Geschmack zuordnen. Beispiel:

Welche Farbe hat eine Banane? Die Antwort ist nicht „Banane". Ja, klar, Zitronengelb, Grasgrün, Himmelblau etc., das alles gibt es, aber die Worte enthalten eben: Gelb und Grün und Blau.

Wir schmecken bitter und nicht Kohlsprosse.

Aber wonach riecht eine Zitrone? Nach Zitrone.

Und weil diese abstrakten Begriffe für Gerüche also in der englischen und deutschen Sprache fehlen, haben die Menschen, die eben diese als Muttersprache haben, beschlossen, dass das menschliche Gehirn schlicht nicht dazu fähig ist, Gerüche auf diese Art einzuordnen.

Stellt sich heraus, dass es aber sehr wohl andere Sprachen gibt, die das können. Die Maniq aus Thailand zum Beispiel haben gleich fünfzehn eigenständige Begriffe für verschiedene Gerüche.

Describe, in detail, how each one makes you feel.

- Geriebene Zitronenschale ist ein Versprechen von Kuchen.
- Warmer Tannenwald macht die Beine müde.
- Petrichor ist eine angenehme Kühle im Gehirn.

Im Internet steht, ich solle mich demaskieren. Also, anders. Aufhören, mich zu maskieren, mich unbewusst anzupassen an das Sozialverhalten meiner neurotypischen Mitmenschen. Endlich ich selbst sein.

Ich führe eine Unterhaltung: Du sagst etwas, und um dir zu zeigen, dass ich dich verstehe, dass uns etwas verbindet, erzähle ich dir, was ich darüber weiß. Oder dass mir einmal etwas Ähnliches passiert ist. Ich frage, wenn mir etwas unklar ist. Mir ist selten etwas unklar.

Liebes Tagebuch,

ich glaube, wenn man etwas zu lange ironisch macht, passiert es, dass man irgendwann einmal vergisst, sich daran zu erinnern, dass man es ironisch macht, und dann vergisst man es zwei Mal, dann drei Mal, und eh man es bemerkt, vergisst man es ganz. Aber wem sollte ich es sonst erzählen.

Marco hat angerufen, und ich habe abgehoben, weil meine Finger schneller waren als mein Hirn, ich gar keine Zeit hatte mich dagegen zu entscheiden, Reflex oder was weiß ich. Jedenfalls dachte ich nur, dass das ein schreckliches Gespräch werden würde, und das nicht nur, weil telefonieren an sich schon eine so unangenehme Sache ist, und dann wurde es NETT. Ich meine, wirklich nett, nicht ein kleines bisschen scheiße. Er hat mich tatsächlich gefragt, wie es mir geht, was ich die ganze Zeit in den Ferien mache, ob ich seine Sprachnachricht bekommen habe? Drei Fragen auf einmal und ich hatte keine einzige Antwort. Und dann sagt er so was wie: „Weißt du, ich habe mir ein bisschen Sorgen um dich gemacht, man sieht dich nirgends und ich kenn dich ja, wahrscheinlich gehst du gar nicht raus, redest mit fast niemandem, und ich ... ich meine, du schreibst mir ja nicht mehr ..." Da musste ich lachen, so einen einzelnen Lacher, und sagen, er wäre ja lustig, von wegen, ich schriebe ihm nicht mehr, warum sollte ich auch, nachdem er Schluss gemacht hatte. Er mit mir. Und dann meint er doch tatsächlich, ich könne ihm ruhig schreiben, darum habe er angerufen, er würde mich vermissen (und da wäre ich kurz fast gestorben), er würde mich vermissen, eben so als Freund. Er hat Freund gesagt und nicht Freundin, was eigentlich komisch ist, aber ich verstand, was er meint: mich als Person, meine Freundschaft, nicht unsere Beziehung. Und dann hat er mich tatsächlich gefragt, als wären wir im Kindergarten, nicht, ob ich mit ihm gehen wolle, nein, sondern:

Wollen wir nicht Freunde sein?

Und ich habe natürlich erst einmal nichts gesagt, weil, ich meine:
Hallo!? Das war ihm wohl irgendwie peinlich, weil daraufhin hat
er einfach erzählt, dass er gerade eine Ausbildung zum Rettungssanitäter macht, und ich so: Rettungssanitäter? Und er so: Ja,
ich dachte, das wäre ein guter Einstieg, wenn ich später mal Arzt
werden will, und ich wieder so: Arzt? Und dachte bei mir: Wer
ist dieser Mensch, ist das wirklich Marco? Und dann hat er weiter
erzählt, dass er schon seine ersten Rettungsfahrten hinter sich
hat und gleich die dritte wäre ein Selbstmord gewesen, in einem
Wäldchen, Schuss in den Kopf, Hirn in den Bäumen, und ich
innerlich, so: ALTER? Und dann habe ich mir einen Ruck gegeben und ihn gefragt: Geht's dir gut? Und er hat gesagt, klar, war
nicht so schlimm, und gleichzeitig hat er begonnen zu erzählen,
wie schlimm es war, und in mir ist alles warm und leicht gewor-
den und ich dachte nur bei mir:

Halt die Klappe, Fabi, red' ihm
jetzt nicht dazwischen, mach das
jetzt nicht kaputt,

Fick dich, Internet.

Das ist nicht die Zeit, um ich selbst zu sein.

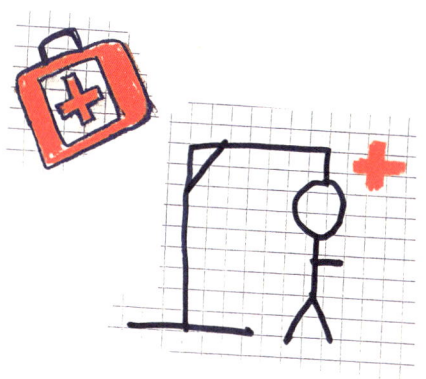

PS: „Wem sollte ich es sonst erzählen?"

Walli. Walli sollte ich das wahrscheinlich erzählen. So funktionieren Freundschaften, das habe ich grundsätzlich schon verstanden. Aber ich will mich nicht aufdrängen. (Noch so ein Problem mit den Freundschaften: Wann meldet man sich zu oft, wann zu selten? Wann erzählt man zu viel, wann zu wenig? Clingy, tmi, overshare? Dann lieber gar kein share.)

Und: Was kann ich dafür, dass ich einmal beschließe, deine Freundin zu sein, und dann einfach bleibe, wie ein treudoofer Hund. Ich mag dich, wir sind befreundet, wir sehen uns nie wieder, ich tauche auf deinem Begräbnis auf. Und dann weiß niemand, wer ich bin, weil ich mich schon fünf Jahre lang nicht mehr gemeldet habe. (Du dich aber auch nicht!)

Also, to do: Walli erzählen, dass Marco mit mir befreundet sein möchte.

Start a dialogue with your inner child by writing in your subdominant hand.

Als ich damals das Schwimmen gelernt habe, war das mit meinen Eltern in einem See. Irgendwann schwamm ich. Es war anstrengend und manchmal schluckte ich noch Wasser, aber ich schwamm. Ich ging nicht unter.

Jahre später, in der Schule, hatten wir dann Schwimmunterricht. Die Lehrerin nahm mich zur Seite und meinte, meine Technik wäre falsch, ich würde meinen Körper im Wasser nicht gerade genug halten, den Kopf nicht richtig drehen, die Arme nicht ordentlich führen. Sie ließ mich auf dem Trockenen die Bewegungen machen und korrigierte immer wieder. Zurück im Wasser, war es, als hätte ich keinen Auftrieb mehr. Mit jedem Schwimmzug drohte ich zu ertrinken.

Es gibt die Theorie der vier Stufen der Kompetenz. Auf der ersten Stufe sind wir fröhlich inkompetent. Wir können nicht

wirklich, was wir tun, aber das stört uns
nur sehr wenig. Wir tun es trotzdem. Dann ler-
nen wir dazu und kommen in die zweite Phase.
   Diese zweite Phase ist das bewusste
Nichtkönnen. Wir machen mehr Fehler als
zuvor. Einerseits scheint es uns so, weil
uns nun klar ist, dass wir Fehler machen,
andererseits ist es wirklich
   so, da wir versuchen, das neu
Gelernte umzusetzen und dabei
scheitern. Erst auf der   dritten
Stufe haben wir es geschafft: Wir können
etwas, und wir wissen, dass wir es
können. Wir haben Spaß daran. Auf
Stufe vier machen wir einfach nur noch und
denken nicht mehr darüber nach.
Manchmal fühle ich mich in Gesprächen,
als hätte ich nie richtig schwimmen
   gelernt.

Ob es so etwas wie umgekehrte Höhenangst gibt? Also im Meer? Wenn man immer weiter und weiter nach unten sinkt und dann den Blick nach oben richtet und das viele Wasser über einem sieht? Wird einem schwindlig davon?

Gaius sieht mich aus einem Auge an. Er klebt in der Ecke an der Scheibe und verharrt regungslos. Kein Farbenspiel. Er ist wach, aber er schweigt. Scheint in sich versunken.

Viele Leute glauben, dass wiederum viele andere Leute das Wort „Untiefen" falsch verwenden. Also wie in „die Untiefen des Ozeans". Dabei hat das Wort einfach zwei genau entgegengesetzte Bedeutungen: Die Vorsilbe „Un-" kann verneinend gemeint sein (wie in Unruhe, Untreue), sie kann aber auch eine verstärkende Bedeutung haben, wie in Unsumme oder Unmenge.

Darum bedeutet das Wort **Untiefen** gleichzeitig:

Un·tie·fe
/ˈʊntiːfə,Ùntiefe/

Substantiv, feminin [die]
1.
flache, seichte Stelle in einem Gewässer
2.
sehr große Tiefe in einem Gewässer

In dieser Sprache sind Missverständnisse vorprogrammiert.

Thandi hat gesagt, man könnte auch noch **ADHS** haben, zusätzlich, wenn man autistisch ist, das wäre gar nicht so selten. (Mathias hat heute in der Gruppe gefehlt, also sollte ich mit Thandi an einem Tisch sitzen. Als ich gemeint habe, ich könnte auch alleine sitzen und den anderen zusehen, hat die Gruppenleiterin gelacht.) Thandi hat sehr viel gesagt und sehr schnell. „Du sollst nicht Asperger sagen", zum Beispiel. Und: „Mein ADHS treibt meinen Autismus in den Wahnsinn." Weil das eine nach Regeln verlangt, das andere aber nur Chaos versteht. Thandi meint, sie hätte das zuerst auf Instagram gelesen, ADHS und Autismus wären teilweise recht ähnlich, was viele aber nicht wüssten. Wenn es um Impulsivität ginge, zum Beispiel. Oder darum, die Aufmerksamkeit auf etwas zu richten (das einen nicht interessiert). Und dass es wahrscheinlich Leute mit ADHS gibt, die in Wahrheit autistisch sind, aber das nicht wahrhaben wollen. Und jetzt ihre Charakterzüge als weitere ADHS-Symptome im Netz verbreiten. Wodurch eventuell andere Leute, die autistisch sind, denken würden, sie hätten ADHS. „Nichts gegen Selbstdiagnose", hat sie dann auch noch gesagt. Ich wusste nicht einmal, dass das beides zusammen Platz in ein und demselben Menschen hat.

„Fabi, brauchst du noch etwas für die Schule, ich fahre jetzt mit Raffi einkaufen! Deine Schuhe sind schon wieder ganz abgetreten?"

Aber offenbar sind ADHS und ASS teilweise sehr ähnlich. Ich liebe meine alten Schuhe. Fabi!

Sogar die Probleme bei der sozialen Interaktion treten bei beiden auf. Fabienne!

„Der Vergleich von ASS-Betroffenen mit ADHS-Betroffenen ist interessant, weil sie teils ähnliche Probleme haben, aber aus ganz verschiedenen Gründen. **Wenn ADHS und ASS sich überlappen, dann gibt das eine sehr individuelle Mischung."**

104

„Fabienne, hast du es seit Beginn der Sommerferien überhaupt mal geschafft, deinen Rucksack auszuräumen!? Du hängst wochenlang in Jogginghosen in deinem Zimmer herum, wie so ein feuchter Wäschesack, und schaffst es nicht einmal, deine Schulsachen in Ordnung zu bringen, bevor die Schule wieder losgeht? Du bist fast siebzehn, es ist nun endlich mal an der Zeit, erwachsen zu werden."

Die Regeln der Höflichkeit gebieten, dass man etwas drei Mal anbietet und der andere zwei Mal ablehnt, bis er oder sie beim dritten Mal dankend annimmt. Wenn man also etwas nicht wirklich hergeben oder tun möchte, bietet man es nur zwei Mal an, und der andere wird nicht wieder danach fragen. Möchte man etwas tatsächlich nicht haben, muss man mindestens drei Mal ablehnen. Beim dritten Mal wird unausgesprochen eine Erklärung dazu verlangt, damit der oder die andere sich nicht zurückgewiesen fühlt.

Ich sage, ich wäre beschäftigt.

„Beschäftigt? Womit?"

Ich antworte, ich würde etwas recherchieren.

„Wozu musst du recherchieren? Du brauchst nicht zu recherchieren, du hast doch jetzt keine Referate! Fabienne, ich rede mit dir, kannst du bitte einmal aufhören zu tippen!"

Du sollst nicht Asperger sagen

Du sollst nicht Asperger sagen.

Das Asperger-Syndrom ist benannt nach dem österreichischen Kinderarzt „Hans" Asperger (1906–1980). Die Nationalsozialisten hielten diesen Johann Friedrich Karl Asperger für „in charakterlicher sowie politischer Hinsicht einwandfrei".

Gegen andere Leute hatte Asperger jede Menge Einwände. Er nannte ein sechsjähriges Mädchen eine Hure, weil es missbraucht worden war, und einen jüdischen Jungen, der Angst wegen Hitlers Machtübernahme hatte, paranoid. Seine eigenen schriftlichen Beurteilungen überwiesen kleine Kinder in die Anstalt „Am Spiegelgrund", wo sie mit Phenobarbital vergiftet wurden.

Du sollst nicht Asperger sagen.

Ich will das Gewicht eines anderen Körpers auf meinem spüren.
Einen fremden Herzschlag. Den Rhythmus eines Atems. Jemand
soll kommen und sich auf mich drauflegen. Nicht mehr und nicht
weniger.

In Wahrheit sieht man ja nichts, wenn man einander direkt in je ein Auge starrt. Man sieht ein Auge. Oder?

Thadis Tipps

Während einer Begrüßung merk dir die Augenfarbe einer Person. Das ist die richtige Menge Augenkontakt.

Während einer Unterhaltung schaue abwechselnd auf ein Auge, das andere Auge und den Mund. Die andere Person wird denken, du hörst aufmerksam zu.

Walli ist spät dran. Spät dran zu sein, das ist so ein Streitpunkt für mich. Ich bin pünktlich. Pünktlichkeit heißt, dass man die Zeit des anderen wertschätzt. Kommt man zu spät, muss man wenigstens Bescheid sagen, sonst stiehlt man jemandem Zeit. Walli hat sich nicht gemeldet.

Ab wann darf man nachfragen, wo die andere bleibt?

15 Minuten? 20 Minuten? 25 Minuten?

Es könnte auch sein, dass ihr etwas passiert ist.

Ich überlege immer noch, Walli von meiner Diagnose zu erzählen. Es wäre einfacher, wenn ich berühmte Personen als Beispiel hätte. Jemand Nettes. Eine, die alle irgendwie toll finden. Was hat Google ausgespuckt? Elon Musk. Greta Thunberg. Anthony Hopkins. Ich weiß nicht, wie hilfreich diese Liste sein kann. („Was, so wie der Typ, der für seine Rolle als psychopathischer Kannibale bekannt ist?")

30 Minuten.

Albert Einstein. Einstein, und schon glauben alle wieder, man müsse irgendeine Art Genie sein. („Hä, und warum hast du dann eine Drei in Mathe?") Dass Einstein selbst nicht mal verständliche Vorlesungen halten konnte, das weiß mal wieder keiner.

35 Minuten.

Mir ist aufgefallen, dass ich noch nie in meinem Leben mit einer Freundin gestritten habe. Also so richtig. Mit laut werden. Oder böse sein. Nicht mehr miteinander reden. Und ich frage mich. Ob ich vielleicht noch nie gut genug mit jemandem befreundet war. Also gut genug, dass es zu einem Streit kommen könnte.
Ich streite nicht gerne.

Warum sollte man, wenn es ohnehin schon so schwierig ist, Freundinnen zu haben, auch noch das Risiko eingehen, diese gleich wieder zu vergraulen?

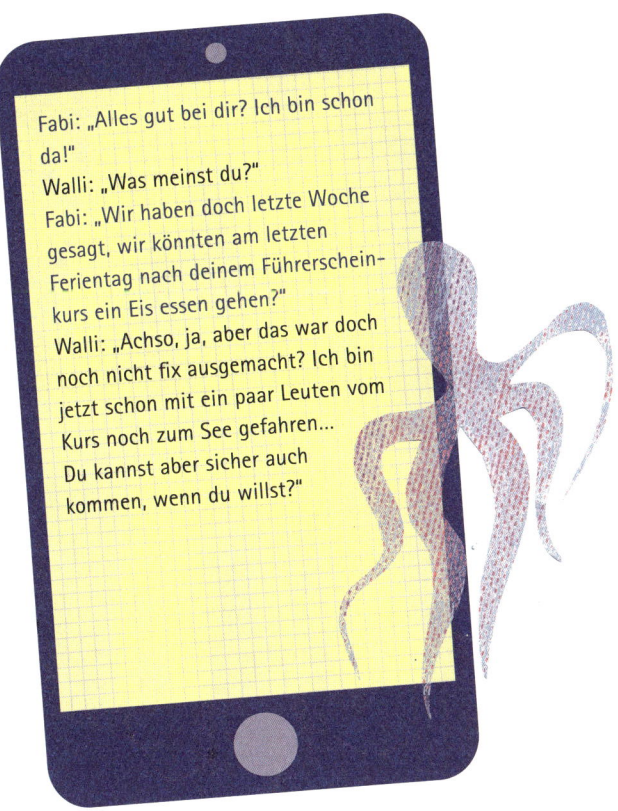

Wenn es um Frauen mit Autismus geht, therapieren sich die in Deutschland, dem Land der Pferdemädchen, wahrscheinlich ein Stück weit selbst.

Das Interagieren mit einem Pferd zu therapeutischen Zwecken heißt „Hippotherapie", womit sich der Begriff auf das griechische Wort „Hippo" für Pferd bezieht, was die meisten Leute jedoch eher mit dem „Hippopotamus amphibius", also dem Fluss- oder auch Nilpferd, in Verbindung bringen, das genauso wenig ein Pferd ist wie ein Koalabär ein Bär und ein Tintenfisch ein Fisch, nämlich gar nicht, vielmehr ist ein Flusspferd beinahe ein Wal.

Ab wann gilt ein Termin als fix vereinbart? Ab wann ist eine Freundschaft eng?

Ich frage mich: Viele Anzeichen für Autismus werden an sozialen Normen und landestypischen Verhaltensweisen gemessen. Kann es sein, dass man mit Autismus unter Deutschen einfach bei Weitem nicht so auffällt wie, zum Beispiel, in den USA?

(Idee für ein Quiz in einer US-amerikanischen Gameshow:
"George had a meltdown because his neighbor insisted on mowing his lawn on a Sunday – is George ...
Autistic or German?"

"Your new colleague Kathrin made a painfully direct comment during the morning meeting, criticizing another colleague's work and did not notice the distress she caused – is Kathrin ...
Autistic or German?"

"Your friend's parent wears only sandals and sweats and has problems communicating verbally – is your friend's parent ...
Autistic or German?")

Vielleicht gebe ich das einfach auf, das mit den Freundschaften.

„Fabi, streichelst du da ein Kuscheltier? Du bist doch kein kleines Kind mehr?!"

Ich verstehe nicht, dass man ein kleines Kind sein muss, um das Gefühl von Plüsch auf der Haut zu genießen. Wir könnten uns auch einfach eine Katze anschaffen, wie normale Menschen, aber meine Mutter hält Katzen für „ökologisch untragbar". Oder jemand muss mich streicheln und nicht umgekehrt.

„Fabienne, hörst du mir zu, ich rede mit dir!"

Ich mag meinen Namen nicht. IN mir drinnen habe ich keinen Namen. Ich bin einfach ich. Es liegt nicht an Fabienne, es liegt an mir. Wenn es nach mir ginge, hätte ich auch außen keinen Namen. Aber ich verstehe, dass es nicht nach mir geht.

„Ob du eine Geburtstagsparty haben willst, habe ich dich gefragt?"

Die Vorstellung, dass andere Leute in unserem Haus herumstehen, sich in meinem Zimmer umsehen, ohne dass ich jeden und jede dabei überwachen kann – nein, danke. Ich schüttle den Kopf.

„Du bringst nie Freunde mit nach Hause, sind wir dir etwa peinlich?"

Ich sollte etwas sagen, aber irgendwie geht es gerade nicht. Ich bin Kopf ohne Nase, Mund. Zwei große Augen, in die zu viel Licht fällt. Die Seehexe hat meine Stimme genommen. Meine Mutter deutet das als Abweisung.

Vielleicht bin ich ja selbst die Seehexe, vielleicht fehlt mir nur noch genau diese Erkenntnis für das große FUCK: Fabienne Ursula Caroline Klausner

Gestern mit Mathias im Kino gewesen, weil ich den Film* unbedingt sehen, aber nicht allein gehen wollte. Er hat dazu riesige Kopfhörer aufgesetzt.** Schon bei der Werbung war es so laut, dass ich ihn um sie beneidete. Habe mir im Dunkeln etwas von der Serviette, die bei den Nachos dabei war, in die Ohren gestopft. Mathias hat es bemerkt und mir Ohrstöpsel angeboten. Und dann hat er mir jedes Mal, wenn ihm irgendetwas zum Film eingefallen ist, in das rechte Ohr gebrüllt.

Was bitte ist mit Brad Pitt passiert? Pitt: Der einzige ältere Schauspieler, der mich normalerweise rein vom Aussehen her anmacht. Sonst sind es immer die Rollen. Robert Downey Jr.? Iron Man. Erster Teil. Chris Hemsworth? Thor. In anderen Filmen habe ich ihn teilweise nicht einmal erkannt. Benedict Cumberbatch? Sherlock. Doctor Strange. Alan Turing in „The Imitation Game". Aber Brad Pitt: Muss nicht einmal lächeln. Allein die Vorstellung, dass er die Hand nach mir ausstreckt ...

(Erregung: Das ist, wie wenn man einen Energieball beschwört, genau hinter dem Schambein.)

((Wahrscheinlich ist es dumm, jemand Toxischen wie Sherlock sexuell dermaßen anziehend zu finden. Aber ich will ihn ja auch nicht daten. Nur einmal um den Verstand vögeln. Um DIESEN Verstand.))

** Mathias denkt sich nichts dabei. Oder er hat sich etwas dabei gedacht: Nämlich, dass es ihm egal ist, was andere denken, wenn er das braucht. Stark, eigentlich.

Jetzt plötzlich die Befürchtung: Könnte Mathias das falsch verstanden haben, dieses gemeinsame Ins-Kino-Gehen? Habe ich etwa geflirtet? Denkt er, das war ein Date? Macht man das nicht so, sind wir nicht Freunde?

Wenn es in Filmen und Serien irgendwelche Verwicklungen gibt, dann im Grunde immer nur, weil die Leute nicht miteinander reden. (Oh, ein Missverständnis, das ließe sich schnell aufklären, aber nein! Ups und huch, eine/r hört dem oder der anderen nicht zu. Dreißig Minuten unglückliche Menschen. Vor allem die Zuschauer.)

Ich weiß doch gar nicht, wie man das macht, also daten. Man ist lange heimlich in jemanden verliebt, bis es durch Zufall rauskommt. Und in Beziehungen stolpert man betrunken fast versehentlich hinein. So viel zu meinem Erfahrungsschatz. Soll ich Mathias fragen, ob er das falsch verstanden hat? Was kann passieren? Er hat es falsch verstanden, dann ist es besser, das gleich aufzuklären, nicht wahr. Bevor er sich zu tief da hineinmanövriert. Oder er hat es nicht falsch verstanden, dann ist ohnehin alles klar. Warum fühlt es sich trotzdem nach Panik an, zu überlegen, ob ich diese Nachricht schreiben möchte?

Mathias ist schwul.

(Hätte mir das auffallen müssen,
das mit Mathias?)

Heute vor der Schule Marco wiedergesehen. Ihn kein bisschen
attraktiv gefunden. Kurz schockiert gewesen davon. Es ist er-
staunlich, wie sich die Perspektive auf eine Person verändert, je
nachdem, wie man zu ihr steht. Mit ihm zu reden, war genauso
seltsam. Als hätte es das Telefonat nie gegeben. Als wären das
zwei verschiedene Personen: der Marco in meinem Telefon und
der Marco in seinem Körper. Ich weiß auch nicht. Er wollte mich
zur Begrüßung umarmen, aber dagegen hat sich alles in mir
gewehrt. Muss gewesen sein, als hätte er versucht, einen Busch
zu umgreifen. Irgendwie sperrig und nicht richtig fassbar. Ging
vorbei. Ich habe versucht, ihn mir vorzustellen als Marco, den
Arzt. War auch seltsam. Aber nicht ganz so abwegig wie: Marco,
der Ex, jetzt Freund.

Das philosophische Problem über den Hasen, der die Schildkröte nicht einholen kann, gibt es in verschiedenen Varianten. Einmal heißt es zum Beispiel, dass ein Pfeil niemals eine Zielscheibe treffen kann. Weil er ja immer zuerst noch die Hälfte der übrigen Strecke bis zur Scheibe fliegen muss. Und dann von dieser halben Strecke wieder die Hälfte. Und wieder. Und so bleibt ein unendlich kleines Stück Raum zwischen Pfeilspitze und Zielschiebe auf ewig unüberwindbar. (Der Philosophie ist dabei ganz egal, dass täglich überall auf der Welt Leute auf Zielscheiben werfen und die Pfeile darin landen.)

Als ich das gelesen habe, habe ich nur gedacht: Dann ziel' eben auf etwas hinter der Scheibe. Du musst durch die Scheibe hindurchschießen wollen, damit du sie auch triffst.

Vielleicht ist es mit Menschen so wie mit der Zielscheibe. Vielleicht muss man ein Stück darüber hinaus zielen. Vielleicht muss man versuchen, den Menschen kennenzulernen, zu dem der oder die andere erst werden will, nicht den, der er oder sie schon ist.

Notiz an mich: Die Daten für die 3-D-Drucker-Modelle der inneren Organe auf einen USB-Stick laden und Marco geben.

Jetzt hat mir Walli geschrieben, es täte ihr noch immer leid, dass ich in der Eisdiele so lange umsonst auf sie gewartet hätte.

UND DASS ICH GERNE NÄCHSTES JAHR MITKOMMEN KANN, AUF DIESE ZUGREISE QUER DURCH EUROPA,

Und das Nächste, was mir in den Sinn kam, war: Und was ist mit Lisa? Als würde Walli nun einfach in ihren Plänen Lisa durch mich ersetzen. Walli hat es zum Glück nicht so verstanden, sondern hat nur geantwortet: Die hat nichts dagegen, wenn du auch mitkommst. Je mehr, desto lustiger.

JE MEHR, DESTO LUSTIGER

(Kaum ist die Möglichkeit real, fürchte ich mich davor.)

((Okay, ich glaube, ich will nicht mehr?))

(((Beruhigung: Es ist noch fast ein Jahr bis dahin, wer weiß, was da noch passiert ...)))

Im Allgemeinen heißt es, Tintenfische wären Einzelgänger. Aber es gibt auch durchaus gesellige Arten. Der größere gestreifte Pazifik-Oktopus zum Beispiel lebt in mittelgroßen Gruppen. Und von Muusoctopus robustus hocken bis zu mehreren Hundert Exemplaren gemeinsam auf seinen Eiern. Zusammen ist man so viel angenehmer allein.

Start writing about where you are in your life at this moment.

Es ist der 21.10.2019 und ich sitze in meinem Zimmer im Haus meiner Eltern, aber das ist nicht gemeint.

Vor ein paar Wochen habe ich geschrieben, ich hätte keine Freunde. Das war falsch. Heute stimmt es nicht mehr.

Ich bin siebzehn Jahre alt.

Wenn ich jemals einen Aufsatz über mich schreiben müsste, dann hieße der vielleicht „Der Oktopus in der Kokosnuss".
Oder: „Harte Schale, Weichtierkern". (Vielleicht wird das doch noch was mit mir und den Witzen.)

Früher hätte ich gedacht, ich zu sein, das hätte so seine Nachteile.

Mittlerweile kann ich sehen:
Es hat auch seine Vorteile.

Andere Leute verbringen ihr Leben damit, aus sich rauszugehen, weil sie es in sich selbst nicht aushalten.
Ich komme ganz ausgezeichnet mit mir aus.

(Wenn man zum Beispiel einmal monatelang niemanden treffen dürfte, ich glaube, es würde mich nicht stören. Aber wann sollte das auch schon passieren?)

ANFANG

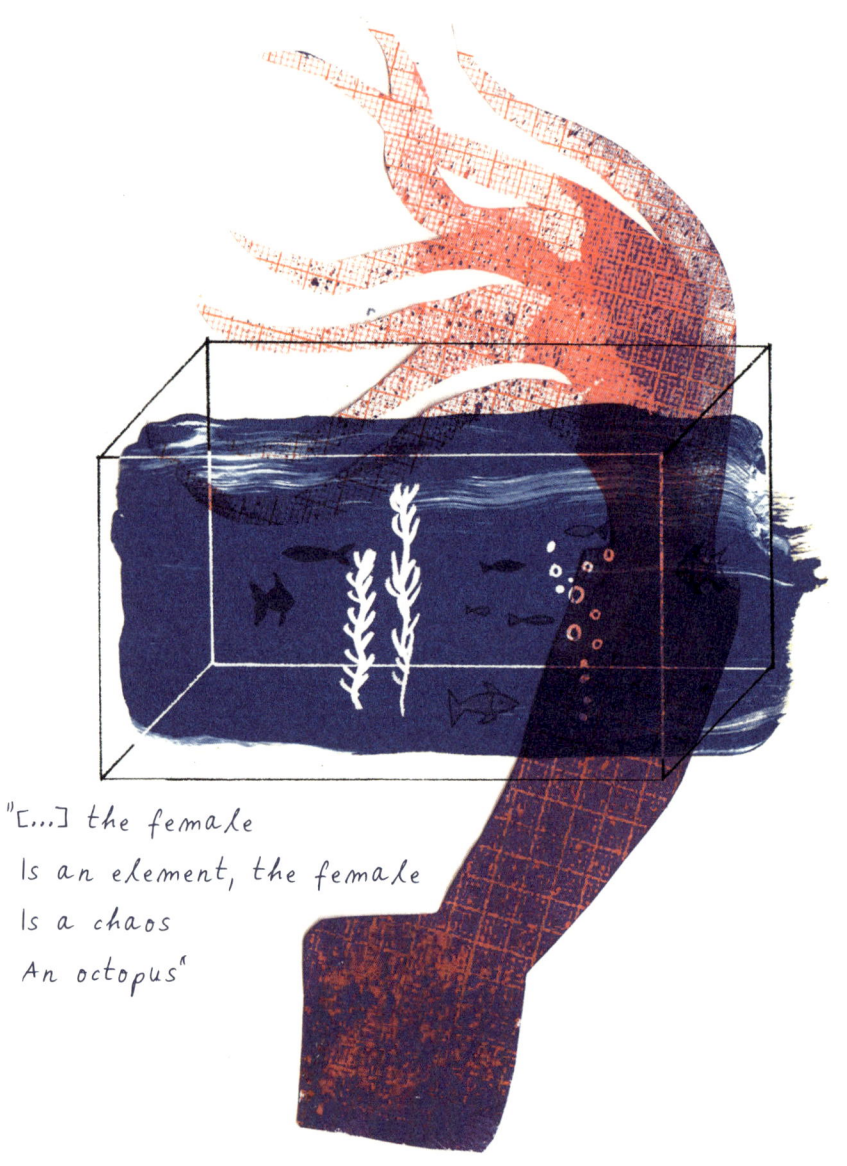

"[...] the female
Is an element, the female
Is a chaos
An octopus"

Danksagung ❤️

Mein Dank gilt der neurodiversen Community im Internet, die sich beständig dafür einsetzt, dass alle ihre Stimmen gehört werden.

Cornelia Travnicek

Ich möchte Felix Scheinberger danken, der mich seit Jahren inspiriert, motiviert und unterstützt, den Weg des Illustrators zu gehen. Ein weiterer Dank geht an Christiane Biniek für ihre Unterstützung beim Zeichnen von Oktopussen während ihres Praktikums.

Michael Szyszka